DU MÊME AUTEUR

Aux Éditions Gallimard

TROIS CHEVAUX

MONTEDIDIO

LE CONTRAIRE DE UN

NOYAU D'OLIVE

ESSAIS DE RÉPONSE

SUR LA TRACE DE NIVES

COMME UNE LANGUE AU PALAIS

LE CHANTEUR MUET DES RUES (en collaboration avec François-Marie Banier)

AU NOM DE LA MÈRE

PAS ICI, PAS MAINTENANT

QUICHOTTE ET LES INVINCIBLES (hors-série DVD, avec Gianmaria Testa et Gabriel Mirabassi)

LE JOUR AVANT LE BONHEUR

TU, MIO

LE POIDS DU PAPILLON

ACIDE, ARC-EN-CIEL

PREMIÈRE HEURE

ET IL DIT

ALLER SIMPLE

EN HAUT À GAUCHE

LES POISSONS NE FERMENT PAS LES YEUX

LE TORT DU SOLDAT

LA PAROLE CONTRAIRE

UN NUAGE COMME TAPIS

Suite des œuvres d'Erri De Luca en fin de volume

Du monde entier

ERRI DE LUCA

LA NATURE EXPOSÉE

roman

Traduit de l'italien
par Danièle Valin

GALLIMARD

Titre original :

LA NATURA ESPOSTA

© *Erri De Luca, 2016.*
Première publication par Giangiacomo Feltrinelli Editore, Milan.
Publié en accord avec l'Agenzia Letteraria Susanna Zevi.
© *Éditions Gallimard, 2017, pour la traduction française.*

PRÉFACE

« À partir de maintenant, tout ce que vous direz pourra être retenu en ma faveur. » Ce préambule, parfois sous-entendu, préside à mon écoute. Une phrase au double sens involontaire, un proverbe inconnu, une mésaventure peuvent se transférer dans mes pages.

La nature exposée vient d'une écoute. C'est un récit théologique : si le monde et les créatures vivantes sont l'œuvre d'une divinité, tout récit l'est forcément. Pour ma part, j'exclus l'intervention divine de mon expérience, pas de celle des autres. Avec le tutoiement des prières, des colères, des compassions, je ne peux m'adresser qu'à l'espèce humaine.

C'était un soir de juillet au val Badia dans le *maso** de Lois Anvidalfarei et Roberta Dapunt,

---

* Ferme traditionnelle de haute montagne en Italie du Nord.

lui sculpteur sur bronze, elle poète en trois langues. À leur table, nous prolongions notre dîner à trois par le récit de notre année. Roberta annonça que Lois avait une histoire à raconter. Je l'ai écoutée et je l'ai oubliée.

L'année suivante, j'étais de nouveau à leur table ou eux à la mienne dans le restaurant Tabarel à San Vigilio di Marebbe. Nous sommes revenus sur le sujet, je me suis souvenu des détails qui m'avaient intéressé.

Pendant l'automne 2015, au terme d'audiences chargées au tribunal de Turin, je me suis remis à écrire. Comme lorsque j'escalade une paroi, mon écriture exige que je tourne le dos à tout et que je me concentre sur la surface étalée devant mon nez, avec la plus grande précision possible. Je suis allé à la ligne et j'ai commencé.

Je ne crois pas que Lois reconnaîtra son histoire dans les pages qui suivent. Mais je dois quand même en déclarer l'origine et ma dette de gratitude. Lois m'avait déjà offert l'image de couverture de *La parole contraire*, un bronze prisonnier.

Dans ces pages, j'entre dans son domaine avec l'histoire d'un sculpteur.

La prochaine fois que nous nous rencontrerons, je ne viendrai pas les mains vides.

J'habite près de la frontière, au pied de montagnes que je connais par cœur. Je les ai apprises en chercheur de minéraux et de fossiles, puis en alpiniste. Le commerce de ce que je trouve et de petites sculptures en pierre et en bois me procure un gain aléatoire.

Je grave des noms pour les amoureux endurcis qui les préfèrent sur des branches et des cailloux plutôt que sur des tatouages. Ils durent plus longtemps sans pâlir. Je cherche des racines sèches, des pierres qui ressemblent à des lettres de l'alphabet. Faciles à dénicher celles en forme de cœur, en remontant le lit des torrents à sec. Les autres formes plus irrégulières je les trouve dans les pierriers, où s'entassent les débris des parois. Dans la nature, il existe des abécédaires.

On fait appel à moi pour de petits travaux de réparation de sculptures, le plus souvent dans des églises. Chez nous, on tient à impressionner avec des décorations d'artistes. Moi, je n'en suis pas un, je répare des nez, des doigts, les parties les plus fragiles. Quand j'étais jeune, j'ai pu étudier au lycée artistique. Le bac en poche, je suis parti travailler ensuite à la mine de charbon. Depuis qu'elle a fermé, je me débrouille avec ce que je trouve.

Je sortais de mes heures de travail dans la galerie et, au lieu de descendre au village, je grimpais dans la montagne. Poussé par un désir de neige, je me lavais les mains et le visage avec. Je montais en courant dans le bois, une saine transpiration sortait par tous les pores de ma peau. Je me hissais dans les branches d'un pin cembro en me poissant les mains de résine. De la scène la plus haute, je regardais l'horizon pour me débarrasser de la mine. Un ébrouement de chien sorti de l'eau parcourait mon dos.

J'ai gardé mon admiration pour les artistes, un sentiment de spectateur et non de collègue. Proche de la soixantaine, je monte encore bien sur les échafaudages et les montagnes. J'habite la dernière maison hors du village. Pour moi, c'est la première en descendant des bois, à quelques mètres d'une petite cascade qui me donne de l'eau courante. Un petit filet coule même quand il gèle.

Depuis quelque temps, des étrangers désorientés arrivent au village. Ils essaient de passer la frontière, les autorités laissent faire pour ne pas avoir à s'occuper d'eux. Nous vivons sur une terre de passages. Certains d'entre eux pourraient s'arrêter, mais aucun de ceux qui sont arrivés jusqu'ici ne l'a fait. Une adresse en poche leur sert de boussole. Pour nous qui n'avons pas voyagé, ils sont le monde venu nous rendre visite. Ils parlent des langues qui font le bruit d'un fleuve lointain.

On a créé pour eux un petit service d'accompagnateurs au-delà de la frontière. Nous sommes trois, des vieux, parce que ici on est vieux à soixante ans. Nous trois seulement savons par où passer, même la nuit.

Ils sont cocasses ces États qui mettent des frontières sur les montagnes, ils les prennent pour des barrières. Ils se trompent, les montagnes sont un réseau dense de communication entre les versants, offrant des variantes de passage selon les saisons et les conditions physiques des voyageurs.

Nos pistes à tous les trois débouchent de l'autre côté sans rencontrer âme qui vive. Les frontières fonctionnent dans la plaine. On dresse des barbelés et personne ne passe. Impossible en montagne.

Se faire accompagner a un tarif. Chez nous,

ce sont les deux autres qui l'ont fixé, et moi je préfère que ce soit eux qui décident de la rémunération. Les voyageurs paient comptant, forcés de faire confiance. On utilise un anglais de dix mots, le jargon des déplacements.

Certains essaient de passer sans nous et se perdent, ils s'épuisent et nous les trouvons morts, picorés par les corbeaux. Nous leur donnons une sépulture. Nous emportons une pelle à chaque voyage.

De loin, on croit voir un passage, puis de près, de l'intérieur, on ne le trouve plus.

On voit arriver des femmes, des enfants seuls, pas question de réduction, l'accompagnement n'en est pas plus léger, il est même plus long. S'il s'agit d'hommes costauds, je les emmène sur un chemin difficile qui raccourcit le trajet. Dans certaines parties plus raides, je leur attache une corde autour de la taille et je les hisse. C'est pour ça que je leur demande d'avoir un sac à dos et les mains libres.

Avec les enfants et les femmes, on suit une piste plus lente. Je contrôle leurs vêtements et leurs chaussures. Je ne pars pas sans une bonne paire de chaussures et des vêtements chauds, même en été. Les deux autres les prendraient même les pieds nus. Ils se font plus d'argent maintenant que tout le reste de leur vie.

L'un est forgeron, l'autre boulanger. Nous nous connaissons depuis notre enfance turbulente. Ensemble, nous avons fait de l'escalade, fouillé sous toutes les pierres quand on nous payait les vipères capturées.

Nous avons dormi dans les montagnes et sous les arbres. Le forgeron est grand et trapu, il laisse des empreintes d'ours. Le boulanger est le plus âgé de nous trois, ses mains sont cuites comme des miches de pain, plus bonnes à rien. Mais ses pieds marchent bien et avec eux il s'en met plein les poches.

Nous ne partons pas ensemble, chacun fait son propre voyage. Il nous arrive de nous croiser dans nos allées et venues.

Nous sommes sortis de la même avalanche qui nous a traînés sur des centaines de mètres dans sa soudaine obscurité en plein jour. À la fin de sa course, elle nous a recrachés comme des noyaux dépulpés.

Quand on tombe, la lenteur des premiers mètres est effrayante, puis on accélère, on roule, on se cogne et on se dispute avec la mort. J'ai revu l'air au bout de la descente, une fois expulsé du sac, stupéfait d'être vivant et entier. Je me suis levé, j'ai vu le forgeron la tête en bas dans la neige, les pieds qui sortaient. Je l'ai extrait de là et j'ai soufflé dans ses poumons jusqu'à ce qu'il me crache à la figure sa première expiration. Le boulanger était plus loin, mais le visage à l'air libre, évanoui. Quelques gifles ont suffi. Il avait un bras cassé. Vivants tous les trois, mieux qu'impossible. Le soir, nous avons vidé une bonbonne de vin de cinq litres, ce n'était même pas trop.

Notre village n'est pas un village pour les femmes. Elles sont parties en ville, mariées ou non. Elles ont par tradition une beauté de croisement avec des gens de passage. Elles ont une caravane dans le sang. Les hommes restent, ici chez nous le monde vit avec cette inversion et il s'en porte bien. Nous sommes restés un pays d'hommes et de bêtes.

L'été, je vends aux vacanciers mes trouvailles et les sculptures que je fais en hiver. J'installe tout ça sur une table en bois brut devant chez moi. Ils s'arrêtent par curiosité. Le temps est lié pour eux à l'achat, ils ne s'arrêtent pas s'ils n'ont pas d'argent. Ils le disent, et s'excusent même, en passant leur chemin, comme s'ils s'adressaient à quelqu'un qui tend la main. Ils n'imaginent pas que je puisse offrir mes objets à ceux qui s'arrêtent pour regarder, pour toucher, pour une question.

Ici, il y avait des poissons, des coraux, des coquillages. Les montagnes sont faites de leurs restes. À ceux qui disent que nous sommes des montagnards, je réponds qu'avant nous avions la mer. Je le prouve avec les poissons gravés sur le plat d'une pierre, l'empreinte d'une arête ou d'une valve d'huître.

Je fais prendre l'air aussi à mes bouquins, je les offre en lecture, je fais office de bibliothèque municipale qui n'existe pas.
Les livres m'ont servi à connaître le monde, la diversité des personnes, qui sont rares dans le coin. Compacts contre la paroi au nord, ils gardent la maison au chaud.
Ma vue a baissé et je lis moins, je repousse l'achat d'une paire de lunettes. Le corps a ses générations, la dernière va un peu à l'aveuglette. C'est pour ça que je sais m'orienter la nuit en montagne.
Les rencontres avec les voyageurs se font à l'auberge. D'habitude, un seul entre, il vient au nom des autres. L'un de nous se trouve là, sinon il attend.
Il n'est pas nécessaire de se mettre à l'écart, ici on sait tout sur tout le monde, les torts, les compétences, les trahisons. Ils font un ensemble avec les os. On laisse vivre sans mettre son grain de sel.
Le patron s'occupe d'installer les nouveaux

arrivés dans l'étable. Si le temps n'est pas au rendez-vous, il faut l'attendre.

Ce ne sont pas des mendiants, ils ont assez d'argent pour voyager en première classe. Au lieu de ça, ils doivent nous suivre, en cachette, à pied, en payant chaque mètre parcouru. Ils sont habitués aux bandits, nous sommes les derniers qu'ils rencontrent, et pas des pires.

Je parle au pluriel pour ne pas m'exclure, mais je fonctionne différemment. Je me fais payer comme les autres et, une fois que je les ai conduits de l'autre côté, je rends l'argent. Il leur est plus utile. Je ne leur dis pas avant que j'ai l'argent sur moi, pour qu'ils n'aient pas l'idée de le reprendre de force.

Ne soumets pas à la tentation : cette phrase du catéchisme est restée plantée dans ma tête. Si tu as soumis à la tentation, c'est à moitié de ta faute.

De l'autre côté de la frontière, je leur indique où s'arrêter pour se reposer et où ils trouveront des moyens de transport. Je leur remets l'argent et je tourne les talons. Je me bouche les oreilles, ils comprennent ainsi que je ne veux pas de remerciements. Je suis allergique aux thank you.

Je suis content d'être utile à un âge où, dans cette région, on est voué au pilon, au délire alcoolique, à l'hospice. L'avantage de ne pas être père, c'est de ne pas avoir un fils qui veuille m'enfermer là-dedans.

La montagne est mon hospice. Un jour, ce sera elle qui me fermera les yeux et qui les donnera aux corbeaux, leur morceau préféré.

Les montagnes du village ont connu la guerre de mes aïeux. De retour d'une traversée, je m'arrête sur un champ de bataille. Je m'allonge près des corps qui n'y sont plus et je ferme les paupières.

J'attends jusqu'au moment où j'imagine être l'un d'entre eux, compagnon de malheur du même âge. Cela dure le temps de quelques respirations.

En montagne, l'imagination et la mémoire se mélangent. Quand j'escalade une paroi, je mets mes doigts sur les mêmes centimètres et les mêmes prises que les alpinistes qui l'ont gravie pour la première fois. Mes gestes correspondent aux leurs, je glisse le mousqueton dans l'œil du piton qu'ils ont planté, mon nez est à la même distance de la roche.

Si mon frère jumeau était encore vivant, il approuverait. Il avait six ans quand il fut effacé par la vague de crue du torrent au printemps. Il pêchait la truite sur une langue de terre au milieu du courant. Du village, nous avons entendu le bruit de tempête produit par la vague de crue quand elle fauche les arbres et les pierres des rives, ravageant tout. Nous avons trouvé une de ses chaussures des kilomètres en aval.

Il y a plus de cinquante ans : sa pensée me tient compagnie. Il était courageux sans ostentation, il grimpait aux arbres, il plongeait dans l'eau glacée. Encore maintenant, je le considère comme mon frère aîné. Je pense à lui dans mes décisions, je l'interroge. Il a droit au dernier mot. Je ne suis pas sûr de reconnaître ce mot, il me suffit de penser que c'est le sien.

Il était gaucher, moi non. En mémoire de lui, j'ai voulu apprendre à me servir aussi de ma main gauche. Sur mon cahier, j'écris une page avec la mienne et une autre avec la sienne. À table, je change les couverts de place. Ainsi nos mains restent jumelles.

En attendant, voilà la dernière : la télévision étrangère est venue me chercher. Ils sont allés chez l'aubergiste. Il savait que j'effectuais une traversée et il leur a donné une chambre. Il est venu à ma rencontre sur le sentier du retour. Il m'a dit que j'étais devenu quelqu'un d'important. Un de ceux que j'avais accompagnés un an plus tôt est écrivain, il a publié un livre sur son voyage, qui a eu du succès. Il parle de notre village et de la traversée nocturne. Il raconte qu'à l'aube, de l'autre côté, j'ai rendu l'argent.

Et comme ça, il m'a mis dans de beaux draps. L'aubergiste se frotte les mains pour la publicité faite au village et à son auberge. La veille au soir, ils ont filmé l'intérieur et même notre table vide où nous concluons les accords.

« Les touristes vont venir, il faudra autre chose que l'étable. » Il m'entraîne à sa suite, je sens le poids de la nuit sur mon dos, mais je ne passe même pas chez moi.

Je m'arrête, je me campe devant lui. Un écrivain ? Tout est faux, il a inventé cette histoire. Qui peut croire que je rendais l'argent ? On les connaît les écrivains, ils vendent des histoires.

L'aubergiste me regarde de travers : « Ne sois pas rabat-joie. Pour une fois que ce fichu pays intéresse quelqu'un. »

Quels bobards puis-je lui débiter ?

« Avec le succès du livre, d'autres témoins interviewés ont confirmé eux aussi les passages gratis. Ils veulent faire une émission pour nous inviter eux et moi. »

C'en est fini de ma petite satisfaction d'être encore utile. L'attention, la publicité mettent fin aux traversées par ici.

Je réponds à l'aubergiste que même sur mon

lit de mort je ne reconnaîtrai jamais l'avoir fait gratis.

Il ne me reste plus qu'à faire l'imbécile, nier, dire qu'il s'agit d'une pure invention de l'esprit. Je répète cette phrase le reste de la journée à ceux qui me posent des questions. Jusqu'ici, jamais un inconnu ne m'avait demandé mon avis et, brusquement, c'est toute une foule qui s'y met.

Le forgeron et le boulanger ne me saluent plus, l'acte le plus grave entre gens du pays, une expulsion du registre des vivants. Je suis d'accord avec eux, je refuserais de me saluer moi-même.

L'écrivain. Il fallait qu'il y ait un écrivain parmi les centaines de personnes que j'ai accompagnées, il fallait qu'il en fasse un livre et qui ait même du succès : tous ces hasards réunis sont quasiment impossibles, et pourtant ils sont là qui propulsent un homme hors des rangs.

Il a dû croire me faire plaisir. Il pouvait me le demander, revenir ici et me demander si ça me faisait plaisir. Mais non, il se met à écrire : « Il m'a fait traverser les montagnes dans le noir, avec une boussole dans la tête et pas dans la main. Il nous a traités en êtres humains et pas en troupeau à tondre. Il nous a rendu notre argent, il s'est retourné et il est parti très vite en se bouchant les oreilles pour nous faire comprendre qu'il n'avait pas besoin de remerciements. Nous sommes restés bouche et mains ouvertes, certains étaient touchés aux larmes. J'écris ces pages par gratitude. »

C'est de la camelote, les lecteurs d'aujourd'hui ne sont pas difficiles. Il m'a payé, non ? Il m'a donné son argent et je l'ai pris. La restitution ne change pas les choses. Je l'ai empoché et j'ai fait le contrebandier de personnes contre paiement. De l'autre côté de la frontière je me suis allégé d'un poids pour le voyage de retour.

Je parle sérieusement, je revenais léger sans cet argent, sans le poids de la fatigue de la nuit de l'aller. Je rentrais à temps pour dîner et dormir. Il m'arrivait de repartir la nuit d'après. La stimulation de l'argent ne m'aurait pas suffi pour repartir.

Ce sont mes affaires et elles devaient le rester. Au lieu de quoi, elles sont exposées, avec impudence. Le saint des montagnes, le gentilhomme contrebandier : la célébrité est une dérision.

Les jours suivants, un groupe monté faire un tour en car s'arrête à ma porte devant mes objets étalés sur ma table en bois brut. Ils viennent pour moi, ils ont vu l'histoire au journal télévisé. Ils achètent en une seule fois ce que je ne vends même pas en une saison. Je ne fais pas de photos, ils les font entre eux.

Je continue à nier l'affaire, ils ne me croient pas. On dirait que même mes dénégations leur plaisent. Je ne le dis pas pour qu'on me croie, mais pour qu'on me laisse tranquille.

Quelqu'un me dit à voix basse qu'il a aidé lui aussi un réfugié. Il prend un air de conspirateur, conscient de commettre une transgression. C'est peut-être comme ça dans la plaine, ici on fait autrement. Ils les appellent des réfugiés. Pour moi, ce sont des voyageurs d'infortune qui en ont eu trop à la fois. Ils tentent de s'en débarrasser avec le voyage. L'infortune est une gale à gratter. Nombre d'entre eux ne parviennent pas à s'en défaire, elle pèse lourd sur leur dos, elle les écrase.

Un autre me demande de le conduire de l'autre côté de la frontière, il souhaite tenter l'expérience. Je dis non, certaines nuits de route se font par nécessité. Si c'est par curiosité, elles portent malheur. Il s'agit d'un journaliste, jeune, il veut raconter. Pour ça, lui dis-je, il est inutile de se mettre à faire, il suffit de se mettre à inventer. Avec un peu d'imagination, il économisera une nuit.

Il dit qu'il me paiera. Je l'envoie à mes deux

amis à l'auberge. Lui voulait aller avec moi. Rien à faire.

Après ça, le reste du village aussi me regarde de travers. « Nous avions un saint chez nous et nous ne le savions pas. »

À l'auberge, c'est la rupture. Je suis assis à notre table habituelle, en train de boire un quart de rouge. Les deux autres arrivent, ils restent debout. C'est le boulanger qui parle.

« Qu'est-ce que tu t'es mis en tête ? Tu prends tes poux pour des chamois ? »

Chez nous, ce proverbe signifie que celui qui se donne de grands airs croit que ses poux sont des chamois. Je ne réponds pas.

Puis c'est le forgeron qui parle :

« Tu nous as mis dans la merde, toi le saint et nous les bandits. »

Vous me connaissez depuis le siècle dernier et vous écoutez les bavardages des étrangers. « Tu n'as pas le courage de reconnaître que tu nous as roulés », dit le boulanger.

J'ai pris l'argent comme vous.

« Et ensuite, tu le rendais. »

Ce que je fais de l'argent, ça ne vous regarde pas. Est-ce que je vous demande où vous l'avez mis ?

« Ça te regarde jusqu'au moment où on en

parle à la télé. Le passage est foutu, personne ne traversera plus d'ici. »

C'est du cinéma, une poignée de douaniers qu'on envoie déambuler dans le village. Dans une semaine, ils seront partis.

« Alors, dans une semaine, tu feras le passage avec l'argent en poche et tu ne le rendras pas. »

Vous persistez à vous occuper de mon argent. Prenez-le, vous, moi je fais le passage à ma façon.

Le forgeron pose ses deux poings sur la table et me dit d'une voix changée, basse comme un grognement : « On n'a pas besoin de ta charité. On a besoin que tu descendes de ton piédestal. »

Je n'y suis pas monté.

« On t'y a mis, essaie de redescendre. »

Déjà fait, j'ai nié.

« Avec tous ceux qui ont dit la même chose sur les passages gratis, c'est toi qu'on doit croire ? » dit le boulanger.

Ils croient ce qu'ils veulent.

Je les regarde assis sur ma chaise, je ne les invite pas à s'asseoir. Le forgeron se met à parler comme on bat le fer, il martèle ses mots.

« Tu fais le passage et tu gardes l'argent. Comme ça, tu prouveras que tu es encore un des nôtres. »

J'ai compris. Je ne suis pas un des vôtres. Je suis un tout court et c'est tout. L'envie de faire des passages m'est passée.

Le forgeron lève une main fermée.

« Je ne te frappe pas parce que un jour tu m'as sauvé la vie. Nous sommes quittes aujourd'hui. Tu peux t'en aller sur tes deux jambes. »

Je suis assis ici et j'y reste. Vous pouvez vous en aller, vous.

Le forgeron lève son poing et frappe la table en faisant sauter le verre et le quart de vin.

Que doit faire un homme, même s'il a du blanc dans les cheveux ? Je glisse ma main dans la poche intérieure de ma veste et je sors lentement mon couteau à lame fixe. Le boulanger se met devant le forgeron.

« Je te le rembourse, ton verre. Patron, apportes-en un autre. Maintenant, on s'en va et toi, demain, tu quittes le village. »

Il nous était arrivé plusieurs fois de nous bagarrer, mais on avait bu. Une fois l'ivresse retombée, on redevenait soi-même. Cette fois-ci, on est sobre et il n'y a pas un avant auquel pouvoir revenir. Le couteau coupe même si on ne s'en sert pas. On l'a en main et il coupe déjà. On regarde l'autre en face et il a déjà coupé.

Ils se retournent, ils sortent, leurs pas lourds sur le bois sont des coups de pied. Le patron s'approche avec le quart de vin et avec un chiffon pour essuyer.

« Tu l'aurais fait ? » demande-t-il en désignant le couteau.

Tu veux une réponse d'un type bien connu pour dire des mensonges ? Tu le sais mieux que moi, ce que j'aurais fait.

Je bois mon quart de vin, le dernier de mon temps au village.

Le lendemain, je suis en chemin avant l'aube et à l'écart de la route, à travers bois. Personne ne me verra en train de quitter l'endroit où je suis né et où j'ai vécu.

J'emporte mes outils de travail, je vais passer l'hiver dans une ville du bord de mer, tout au bout des descentes. Je ne la connais pas, je pense trouver des réparations à faire.

Avant le logement, je cherche un bistrot pas trop cher où avoir un repas chaud le soir. Ce doit être un endroit où on se salue mutuellement. J'en trouve un juste au port, tenu par une femme que j'appelle tout de suite patronne. Je me présente et je demande combien me coûtera un repas tous les soirs. Le prix est correct et elle me conseille un logement. C'est une femme forte, aux manières directes et expéditives, des cheveux noirs dans un fichu à fleurs, plus jeune que moi.

Ses clients sont des marins de passage et des ouvriers algériens d'une carrière de marbre. De braves gens, dit-elle d'eux, mais pas de vin. Une seule table, on s'assied à côté de ceux qui sont déjà là, sur le même banc.

Ainsi, je connais quelques-uns de ces voyageurs qui se sont arrêtés chez nous.

Il ne me restait plus qu'à pouvoir parler avec eux. Autrefois, il y avait les explorateurs qui découvraient des peuples inconnus, en fouillant à travers le monde. Aujourd'hui, il y a ces visiteurs qui débarquent sur une terre ferme, qui demandent comment elle s'appelle et où elle se trouve. Ils sont inquiets d'être loin de l'endroit qu'ils ont écrit dans leur poche. Puis ils trouvent un travail qui a besoin d'eux et uniquement d'eux, à défaut d'autres.

Je parle avec celui qui me répond plus longuement que par monosyllabes. J'écoute les histoires de destins bizarres, des façons nouvelles de mourir : dans une soute asphyxié par les gaz du moteur, gelé dans le compartiment du train d'atterrissage d'un avion, étouffé dans un camion garé l'été en plein soleil.

« Pour que la mort soit juste, il faut que la façon de mourir, sa manière de conclure soit la même. Ce n'est plus comme le dit le poète persan, que la mort est juste parce qu'elle frappe le misérable et le roi. »

Je lui raconte ce que je sais des fossiles marins sur les montagnes. Il aime la géographie, la vie de la Terre avant nous. C'est un bon connaisseur d'histoires, de celles qui n'ont pas d'auteur. Comme les proverbes et les blagues, l'initiateur est inconnu.

C'est bien de se parler côte à côte, en se tournant de temps en temps vers son voisin. La patronne sert la tablée selon l'ordre d'entrée dans son bistrot. Elle n'oublie pas les noms et les épices préférées de chacun.

J'écoute les miettes de la journée de l'homme près de moi, les poids, les économies, la femme au loin, les enfants élevés sans lui, la maison en construction sur le haut plateau avec la paie du marbre. Je lui dis que ma maison est le fruit de mes années passées à extraire du charbon. Nous sourions de notre travail en noir et blanc.

Pendant la journée, je fais le tour des boutiques pour voir s'il n'y a rien à réparer. Puis je fais le tour des petites églises, d'habitude on y trouve quelque chose. Ici rien, elles ne tiennent pas à leur mobilier.

Je ne peux pas m'attarder, si rien ne se présente, je dois repartir. Une fois terminé le tour des petites églises, je me risque aussi dans la grande. C'est un endroit solennel, imposant. Je n'ai pas foi dans le haut des cieux, je les ai vus de près, ils sont froids. Je frappe aussi à cette porte, pour n'en négliger aucune. La chance m'attendait justement dans la dernière.

Le curé est un homme d'Amérique latine d'environ quarante ans, il me regarde pensif, me demande ce que je sais faire. Je le lui dis. Il pense que je pourrais tenter une réparation. C'est très délicat, précise-t-il, une statue de marbre, un crucifix grandeur nature.

Il demande si je connais le marbre. Oui, je l'ai travaillé, je me débrouille.

Il a une voix calme, grave, des mains puissantes, pas de joueur d'orgue. Je regarde les mains d'un homme pour comprendre qui il est.

Il m'accompagne pour me montrer la sculpture. Elle est à l'intérieur d'un dépôt qui donne dans la cour du presbytère. Elle semble parfaite, un bloc d'albâtre sculpté avec une intense précision. Je suis en admiration, je tourne tout autour, elle doit dater de la Renaissance, je pense avoir exagéré en parlant de mes capacités.

« Qu'en dis-tu ? »
J'aime ce tutoiement. Je réponds qu'elle est merveilleuse et en bon état, rien à réparer, tout au plus à nettoyer.

Il me raconte l'histoire.

« Le sculpteur est un jeune artiste du début du XXe siècle. Il réalisa son chef-d'œuvre dès son retour des fronts de la Première Guerre mondiale. Il reçut la commande périlleuse et inouïe de sculpter un Christ nu en marbre. L'après-guerre fut un temps de bouleversements et l'Église sentit la nécessité d'être en harmonie avec l'époque.

« Tu dois savoir que dans les crucifixions le condamné était hissé nu. Il fut un temps où l'on admettait cette représentation du supplice. Un crucifix nu en bois fut même sculpté par Michel-Ange. Après le concile de Trente, l'Église se mit à recouvrir les nudités. »

Tandis qu'il me parle, j'admire le chef-d'œuvre qui n'est pas du tout nu.

« Le jeune sculpteur exécuta l'œuvre en une année seulement de travail acharné, sans fermer l'œil. Mais l'année suivante, les temps avaient déjà changé et l'évêque aussi. Le nouveau ordonna de recouvrir la nudité par un drapé. Le sculpteur refusa, il fut évincé. Un autre ajouta cet affreux tissu qu'on voit maintenant. Le sculpteur mourut peu après en montagne. »

Je continue à ne pas comprendre ce que je dois faire.

« Comme tu peux le voir, il s'agit d'une œuvre digne d'un maître de la Renaissance. Aujourd'hui, l'Église veut récupérer l'original. Il s'agit de retirer le drapé. »

J'examine la couverture en pierre différente, elle semble bien ancrée sur les hanches et sur la nudité. Je lui dis qu'en la retirant on abîmera forcément la nature.

« Quelle nature ? »

La nature, le sexe, c'est ainsi qu'on nomme la nudité des hommes et des femmes chez moi.

« C'est bien là le problème. Plusieurs sculpteurs consultés avant toi ont renoncé. »

Je ne sais pas d'où me vient la réponse, mais je lui dis que je pourrais reconstituer la partie abîmée par le descellement. Jusqu'ici, j'ai reconstruit des nez, des doigts et même une main manquante.

Le curé me dévisage à nouveau pour voir si je suis la bonne personne. Il m'accompagne au presbytère, nous nous asseyons devant sa table. Il me demande d'ouvrir les mains. Mes paumes sont sèches et rêches, c'est un signe suffisant pour lui.

Depuis un an, l'évêque l'a chargé de trouver un sculpteur compétent. L'Église est consciente de la grande valeur artistique de l'œuvre, qui lui permettrait d'approcher d'une manière nouvelle et naturelle la vérité du sacrifice.

Il m'apprend que je suis le dernier d'une longue liste d'artistes, confirmés ou non, qui ont été consultés. L'un d'eux a dit que l'enlèvement traumatique de la couverture suffirait déjà à représenter la nudité et son histoire censurée. Ceux qui ont accepté d'essayer ont proposé des solutions bizarres. À la place de la partie détachée, quelqu'un a imaginé un oiseau, plus précisément un coucou, parce qu'il met ses œufs dans le nid des autres. Un deuxième a pensé à une fleur. Une jeune artiste a eu l'idée d'un robinet.

« J'aurais dû enregistrer les conversations. On aurait pu en faire un livre intéressant. »

Bref, je suis le dernier et l'année se termine. Je le remercie de sa sincérité, un bon point de départ. Je l'assure que je me comporterai de la même façon. Si je ne me sens pas capable, je le lui dirai.

Il me demande de faire un essai. J'accepte et nous retournons dans la grande salle. Je prends les mesures du bassin et de la hauteur du corps. Nous nous saluons en serrant nos quatre mains.

Je lui ferai une copie en plâtre de la partie couverte.

Le soir, je me regarde nu dans la glace. J'imite la forme étirée du corps en torsion, ma nature s'incurve en suivant la tension des muscles ventraux. Je fouille dans mon sac de bouts de racines et j'en trouve une de pin cembro qui pourrait convenir. Je l'écorce, je la nettoie, je lui donne la même forme. Je prépare le moulage en plâtre.

Entre-temps, je lis les versions de la crucifixion dans le Nouveau Testament. Écrites bien après les faits, elles attestent de l'obstination de témoins directs. Ils veulent être là. Ils incitent de la sorte le lecteur à être là lui aussi.

À la bibliothèque, j'étudie la courte vie du sculpteur. Il a été jeune pendant la Première Guerre mondiale. Je lis des pages de son journal tapées à la machine pour une thèse écrite sur lui. Bizarrement, la thèse ignore le crucifix, elle parle en revanche de ses sculptures d'animaux sauvages et domestiques en terre cuite. Je tombe sur cette phrase importante : « Je considère l'encre comme la doublure du sang, on trempe sa plume dans l'une à la place de l'autre. Les deux contiennent le fer nécessaire. »

Il a vécu dans les tranchées de boue, mélange de terre, d'eau, de sang, de peur, engrais de la première jeunesse du siècle passé. À partir de 1919, il a commencé à sculpter des corps humains. La guerre lui a enseigné l'anatomie. Il a appris à travers la pitié et le dégoût. Il a écrit que les deux choses forment la connaissance. La sculpture du crucifix en marbre est sa dernière œuvre. Précédée d'un modèle en terre cuite, égaré par la suite, qui avait servi pour l'approbation.

L'esprit d'après-guerre était grisé de vitalité, une réaction à la vie blessée et à la jeunesse décimée. On osa imaginer la modernité d'un Christ représenté nu sur la croix pour rappeler les jeunes corps détruits.

Le sculpteur travailla comme un forcené et, en un an à peine, il fut prêt à remettre son œuvre. Le reste correspond au récit du prêtre, le refus d'exposer la sculpture déjà approuvée, l'ordre donné ensuite de couvrir la nudité à un anonyme qui utilisa une pierre différente.

Je lis le journal de l'époque réédité en reprint. Il rend compte de l'affaire et du scandale. Un an plus tard, le sculpteur est retrouvé mort de froid au sommet d'une montagne voisine.

Dans sa poche, on découvre un mot que je recopie.

Je lis dans un poème de Pouchkine : « J'ai survécu à mes désirs. » Moi non. Je n'ai jamais été là. Quand vous pensiez que j'étais là, je n'étais pas avec vous. Quand je vous parlais, je me taisais intérieurement.

Quand je marchais parmi vous, j'étais en fait immobile sous un vent qui avançait à ma place. Quand j'étais à votre table, j'étais à la cuisine où je multipliais des poissons. Vous ne vous apercevrez pas de mon absence, car à ce moment-là je serai présent. Je serai pour vous l'absent inévitable.

Il y a beaucoup à lire dans une bibliothèque et en attendant je préfère réaliser le moulage que je dois apporter au prêtre.

Je lui dis d'où je l'ai tiré. « D'une racine ? Bon départ », dit-il. Il le montrera à l'évêque.

À l'auberge, il y a des marins russes, plutôt des buveurs que des mangeurs, bruyants, ils plaisantent avec la patronne qui les connaît et sait comment les contrôler. À côté d'eux, les ouvriers algériens sont silencieux, sobres, le nez dans leur assiette, ils parlent leur langue intense de lettres aspirées qui dressent une haie entre eux et les autres du même banc. Je suis assis avec eux, muet au milieu des syllabes opposées.

Les jours suivants, je retourne à la bibliothèque. Je lis des revues de l'époque. On crée la Société des Nations pour résoudre les motifs de conflits. La proposition d'un homme politique français, Léon Bourgeois, de doter l'organisation d'une force militaire susceptible d'imposer une solution aux controverses entre deux États n'est pas retenue.

Tandis que je respire la poussière du papier feuilleté, un coup de chance. Un mensuel a publié la photo de la statue originale. L'image occupe une demi-page, mais j'ai besoin de la loupe que je garde dans ma poche pour améliorer ma vue. J'observe la forme de la nature exposée.

Sous le coup de l'étonnement, je sursaute sur ma chaise. Dans ce corps mourant se manifeste un début d'érection. Je ne peux détourner mon regard de l'image. Puis je me parle, comme cela m'arrive dans les moments de surprise. Mon jumeau intervient.

Le condamné est en train de mourir, secoué de spasmes qui culminent souvent dans une érection mécanique. C'est ainsi que la mort se déchaîne dans un corps jeune. Le cœur lance ses coups terminaux, le sang reste bloqué au centre, le souffle sort pour ne pas revenir, envoyé comme un salut.

Le jeune corps cesse de résister à la douleur. Le cou ne supporte plus le poids de la tête qui tombe sur l'épaule gauche au-dessus du cœur. Le sculpteur se souvient des corps de ses camarades tués, l'engorgement de la circulation qui se manifeste avec la mort. C'est la dernière volonté du sang, qui en a beaucoup.

Dans une statue, on doit entrevoir le sang. Ici, les veines sont gonflées jusqu'à l'impossible. Ici est représentée la mort d'un athlète en plein effort.
Sa beauté est telle qu'un tribunal de femmes ne le condamnerait pas. Non par désir de l'étreindre, mais par respect de la perfection. Il serait absous par admiration.
La chose n'est pas prévue par la loi, mais elle s'applique quand même. Au lycée artistique, nous écoutions avec enthousiasme l'absolution de Phryné, modèle de Praxitèle, accusée d'impiété et dénudée dans la salle du tribunal d'Athènes, pour prouver son innocence.

Je fais une photocopie de la page avec la photo, année 1921, jour 24 décembre. La veille de Noël, le sculpteur invite la presse locale à une visite privée. Il sait déjà que la statue sera abîmée par le drapé. Il retire le voile.
Le journaliste rapporte qu'on attendit l'heure du coucher de soleil pour voir l'effet de lumière rougie sur le marbre. Il prit l'aspect de la chair, les ombres firent bouger les formes.
Une fois passé le moment parfait, des bougies furent allumées pour éclairer la fin accomplie.

Le journaliste reconnaît son émotion et découvre pour la première fois, comme il l'écrit, qu'une sculpture a besoin d'une source de lumière, d'une seule, pour occuper l'espace.

Je vais chez le curé, mais j'entre d'abord dans la grande salle où se trouve la statue. Je me mets à imaginer les doutes du sculpteur sur la forme de la nature. Il devait supporter l'échange des regards, l'événement historique du retour d'un crucifié à sa nudité.

Avait-il froid ? Il était sûrement parcouru de frissons, en perdant sa chaleur en même temps que son sang. Il avait soif à cause de l'hémorragie. Il avait de la résistance, il resta en vie plus longtemps que les deux autres.

Il avait quelque chose à dire : les pardonner, non pas les deux condamnés, mais tous les autres. Il demandait à la divinité d'absoudre les assassins. Et lui ? Il les avait absous, mais ça ne lui suffisait pas. Il devait obtenir le pardon suprême.

Sa requête, étouffée par sa faible respiration due à la position comprimée de son thorax, monta comme une vapeur.

Personne avant lui n'était allé jusqu'à la limite d'une telle requête : les pardonner. Ces mots élèvent sa mort au rang de sacrifice. Sans eux, la croix reste la poutre de supplice d'un innocent.

Je me souviens d'une scène décrite par Primo Levi qui évoque un condamné à la pendaison dans la cour du camp de concentration, en la présence forcée de tous les prisonniers. Aucun d'eux n'a la permission de baisser la tête, il faut qu'ils voient. La guerre est presque finie, le condamné crie une dernière phrase en allemand : « Camarades, moi je suis le dernier. »

C'est une déclaration de salut différente pour ceux qui restent. Elle ne se charge pas de la force de sauter les générations, elle se borne à encourager les présents. Leur point commun, c'est la volonté de s'adresser, de laisser dit.

Après les paroles du crucifié, la poutre devient une rampe de lancement pour les générations. Elles devaient être dites depuis ce lieu. Elles ne fonctionnent pas du haut d'une chaire ou d'une estrade. Il faut monter sur un échafaud pour les prononcer.

Je cherche les pensées du sculpteur, je les mêle aux miennes, en tournant autour de la statue.

J'ai pris une bougie, bonne idée suggérée par la lecture de l'article. Sous sa lumière, même les tendons étirés projettent des ombres. Je fais un geste instinctif, je mets ma main tiède sur ses pieds cloués, par désir de transmettre de la chaleur.

Le curé me rejoint. Il m'informe aussitôt que j'ai l'autorisation de commencer à travailler. Nous montons chez lui et je lui donne la photocopie et ma loupe, il observe attentivement. Il me rend ma loupe, hoche la tête. Je ressens le besoin de défendre le sculpteur. Il a doté le crucifié d'une puissante nature, et son exagération rend plus fort le contraste avec la mort. Il incite à vêtir le corps nu, exposé au vent. Non pour recouvrir sa nature, mais pour mettre une couverture sur ses épaules, envelopper ses pieds dans un tissu de laine. C'est un sentiment terrestre qui n'a rien à voir avec la foi, avec la dévotion pour l'image sacrée.

Il m'écoute, alors je poursuis. Cet élan d'affection vient directement de la nature exposée. La nudité fait vibrer les fibres les plus anciennes de la compassion. Vêtir ceux qui sont nus, est-il prescrit dans une des œuvres de la miséricorde étudiées au catéchisme. Qu'est donc la miséricorde que j'éprouve devant cette figure ?

C'est une poussée soudaine dans mon sang. Cette miséricorde ne vient d'aucune requête. Ce n'est pas la charité d'une aumône tombée dans une main ouverte. La statue ne me demande rien, elle ne s'avance pas vers moi.

C'est mon impulsion qui me fait franchir ma distance de spectateur et me permet d'approcher.

Je ne la connaissais pas jusque-là. Je la découvre en ce moment précis. J'ai accompagné des gens pour franchir la frontière. La miséricorde n'a rien à y voir, eux demandaient, moi je répondais. Une fraternité a suffi.

Le curé continue à m'écouter tout en prenant une bouteille de vin et deux verres. Il remplit le mien à ras bord. C'est l'usage chez les ouvriers. Si on offre du vin, on remplit le verre. Ce sont les riches qui en versent peu. Eux, ils ne boivent pas, ils sirotent. Si on en offre à un ouvrier, on en verse jusqu'à ce que le verre déborde.

Les prêtres ont des mains lisses d'employés, lui non. D'où viennent-elles, lui demandé-je, d'une mission en Afrique, dit-il. Où? Au Mozambique. Il répond par politesse et pour couper court, il veut que je continue. Nous buvons une gorgée, puis je réponds à sa question.

« C'est la première fois que tu éprouves cette miséricorde ? »

Je la découvre devant ce crucifié nu.

« Jamais avant pour un vrai corps ? »

Pas de façon aussi forte : il existe des livres qui font ressentir un amour plus intense que celui qu'on a connu, un courage plus grand que celui dont on a fait preuve. C'est l'effet que doit produire l'art : il dépasse l'expérience personnelle, il fait atteindre des limites inconnues au corps, aux nerfs, au sang. Devant ce moribond nu, mes entrailles se sont émues. Je sens un vide dans ma poitrine, une tendresse confuse, un spasme de compassion. J'ai mis la main sur ses pieds pour les réchauffer.

« Je n'avais pas remarqué auparavant une différence entre charité et miséricorde. Ses sept œuvres s'accomplissent sans la nécessité d'une requête. »

Je lui dis qu'il m'est arrivé au moins une fois de réaliser une de ces actions. Je ne les appelle pas œuvres. Mais je ne peux les comparer à ma réaction devant cette image. Celle-ci, déclenchée par l'œuvre d'art, je ne pourrai l'oublier, alors que les autres, oui.

Le curé se lève, s'approche de la cuisinière et allume le feu sous une casserole. Il me propose de rester pour dîner. Je me lève et je dis que je suis en pension à l'auberge du quai des pêcheurs.

Il connaît la patronne, il est au courant de ses prix modiques. Il me dit de commencer au plus vite le descellement du drapé.

Je reviens avec mes outils et je commence à retirer la couverture au ciseau. C'est du granit qui se détache par éclats. Il est encore bien ancré sur les hanches, avec un peu de vide au niveau du ventre maigre. Je glisse mon ciseau dans cet espace, je donne des coups précis, je casse et j'enlève. Il en reste sur les os du bassin et sur la nature.

J'essaie de la sauver, mais le drapé est bien accroché à cet endroit. Je donne des coups de ciseau tout autour. Ils résonnent dans mon corps, comme si je frappais mon bassin.

C'est de la solidarité masculine, me dis-je pour continuer. Je reprends et l'effet persiste. Je dois m'adapter. Je frappe et je sens à nouveau le rebond. Je tape tout autour pour affaiblir le granit. C'est ainsi que s'est détachée la femme qui a été ma compagne, d'un coup sec à la fin. Mes entrailles continuent à répondre aux coups.

Un avant-dernier coup de marteau me signale que le bloc est en train de céder. Je frappe plus doucement et le morceau se détache tout entier, mes bras le retiennent pour éviter qu'il tombe. Je le pose par terre.

Il s'est retiré en emportant presque toute la nature qu'il recouvrait. Je regarde la forme donnée à la mort par le sculpteur à cet endroit.

Une veine en relief court jusqu'en haut de la nature blanche. Elle est circoncise.

Je retire mon pull en laine et j'enveloppe le bloc dedans. Je l'emporte chez moi.

Tout en marchant avec son poids, celui de la valise de la femme que j'accompagnais au car revient dans mon bras. Elle m'incitait à obtenir davantage.

Mon caractère ne me porte pas à me mettre en avant, à m'imposer. Vivre avec elle a été le point culminant de ma carrière d'homme.

Elle me voyait meilleur et plus important que je ne l'étais. Elle écrivait aux galeries d'art en envoyant des photos de mes compositions de pierres et de bois ramassés et retravaillés.

Elle a réussi à organiser une exposition, en payant de sa poche l'impression d'un catalogue. Elle a obtenu un article dans un journal national.

Elle me poussait à me mettre en valeur. Pour moi, ce qui comptait c'était d'être avec elle, d'aller tous les deux dans les bois et les pierriers pour chercher des formes, imaginer quoi en faire.

Elle s'y connaissait en art, elle me comparait à des artistes qui m'étaient inconnus.

« Si tu vivais à Milan, tes sculptures seraient dans les musées. »

Si j'habitais une grande ville, je fouillerais dans les poubelles au lieu de le faire dans les montagnes. Elle n'acceptait pas mes réticences. Elle s'emportait contre moi, dans ces moments-là elle était incandescente.

Elle disait d'elle qu'elle n'avait aucun talent artistique, mais qu'en revanche elle savait le reconnaître à coup sûr chez les autres.

Je ne suis pas un artiste.

« Plus qu'un artiste, tu es un créateur. Quelqu'un qui force les limites en s'écorchant les mains pour ouvrir un nouveau passage. Je comprends que tu dois être humble, mais sans dépasser l'humilité. En fait, tu démissionnes, tu renonces, tu te dérobes au devoir de te faire connaître. »

Elle m'amenait dans les musées, nous voyagions avec son salaire d'enseignante. Elle m'initiait à l'art contemporain, à l'architecture. J'apprenais des noms que j'ai oubliés. Je la suivais pour lui faire plaisir. Quand nous allions au concert, elle m'expliquait la musique moderne à moi qui ne connais que les chants de la montagne.

Pour elle, c'étaient des choses importantes qui l'exaltaient. Je traînais les pieds en la suivant dans les musées qui me fatiguent parce qu'on marche trop lentement, on s'arrête tous les deux pas pour lire le nom d'un tableau, d'un peintre. Les musées ont le défaut pour moi d'être sur du plat. Je les préférerais avec des montées et des descentes, des passages étroits, des balcons où rester accoudé pour regarder loin.

Je gardais pour moi ces fadaises de peur qu'elle m'envoie promener.

Elle l'a fait, j'ai seulement gagné du temps. Elle voulait. Et j'aimais sa volonté, en sachant qu'elle la gaspillait avec moi. Volonté d'améliorer, de donner de la valeur à ce que je faisais, persuadée que cette valeur existait et qu'il fallait l'encourager.

Elle n'existait pas. Je peux le lui dire maintenant qu'elle n'entend pas. Rien en moi ne valait le mal qu'elle se donnait. Il y avait ma chance de vivre avec elle et de la faire durer.

Elle commença à lâcher prise. Elle se coupa les cheveux, elle était plus belle. Elle retira ses talons hauts, elle était plus belle. Elle arrêta de se maquiller, elle était plus belle.

« Je reste si tu décides de devenir pour le monde ce que tu es déjà. »

Je ne sais pas le faire.

« Ce n'est pas vrai. Tu as un saint respect pour ce que tu sais faire, mais un maudit orgueil à ne pas vouloir le montrer. Tu penses que la chance devra se plier à tes conditions, venir te prier comme je le fais moi. Regarde-moi bien, c'est moi ta chance et je te quitte. »

C'était de la colère, de l'exaspération devant mon inertie. C'était la fin de ses efforts pour me traîner.

J'avais commencé à faire mes premières traversées sans le lui dire pour éviter qu'elle me reproche de me distraire de mes devoirs d'artiste. Pour elle, c'était sacré, le reste était profane. Quand elle l'apprit, elle dit qu'elle avait vécu avec un artiste et qu'elle ne voulait pas vivre avec un contrebandier.

Je regarde mes mains vidées des siennes, j'empoigne ciseau et marteau par besoin de tenir quelque chose. Je me mets à sculpter un petit tronc d'arbre, je tape jusqu'à ce que je n'arrive plus à tenir les outils. Je respire par le nez, la bouche serrée dans le mors de mes dents.

Je me dis que j'ai eu de la pluie sur mon champ et que j'en ai profité tant qu'il y en a eu. Inutile de regarder les nuages maintenant, maintenant il faut regarder par terre. Je me donne quelques bonnes raisons, aucune ne m'aide.

Nous jouions aux cartes, j'étais fort pour les compter, je gagnais souvent. Quand c'était elle qui gagnait, c'était la fête, elle se moquait de moi, elle disait que je faisais la tête quand je perdais.

« Tu ne sais pas perdre. »

Je ne répondais pas, mais dans mon for intérieur je pensais le contraire. Je sais le faire, je sais tout perdre.

Maintenant qu'elle n'est plus là, je le lui dis dans le noir. Tu avais raison, je ne sais pas te perdre. Je continue à crier dans mon cœur comme un poulet égorgé.

Il n'arrive pas deux fois d'être aimé avec l'intensité d'une mission. Pour beaucoup d'entre nous, ça n'arrive même pas une seule fois.

Sans elle, même le désir s'en est allé. Deux femmes que j'ai accompagnées de l'autre côté de la frontière ont offert de me payer avec leur corps. J'ai accepté, en disant que j'encaisserais leur dette après la traversée. Elles ont vu que je rendais ensuite l'argent et qu'il n'y avait pas de dette. Elles avaient bien assez payé pour arriver jusque-là.

À présent, j'évite de regarder les femmes que je croise dans la rue. Je suis devenu neutre, moins qu'abstenu. C'est sans doute pour ça que je me sens apte à la tâche que j'ai acceptée. Il s'agit de réparer un bout d'anatomie, sans la valeur du plaisir.

J'apporte au curé le bloc détaché, je lui demande si je dois continuer, compte tenu du détail. Il est en discussion avec l'évêque, ils m'invitent à me joindre à eux.

Je me trouve devant un homme de mon âge, plus pâle et plus maigre. C'est la première fois que je m'adresse à un évêque, je demande si je dois l'appeler Éminence.

«Laissons tomber les titres. Devant une personne, ils sont comme l'âne devant sa charge. Venons-en à nous. Vous vous rendez compte qu'il s'agit d'une matière sacrée. Croyez-vous pouvoir la traiter comme telle ou bien n'est-ce pour vous qu'une simple sculpture?»

Je réponds que les mots du crucifié sont sacrés, son corps non, il a dû naître et mourir comme tous les êtres vivants. Vous êtes maintenant face au détail de la nudité originale. J'attends votre décision.

«Ce corps qui n'est pas sacré pour vous le devient sur la croix, transformée en objet de dévotion. Je vous demande si le détail du raidissement ne vous semble pas excessif.»

C'est à peine une ébauche qui coïncide avec les spasmes de la fin. Ce n'est pas un détail, c'est le point culminant du supplice. Je me permets de vous demander si vous avez l'intention d'exposer la statue. C'est ce qui fait la différence pour moi. Si elle reste secrète, le travail perd de l'importance à mes yeux. Pardonnez cette sincérité que nous avons établie avec monsieur le curé.

« Vous parlez comme le porte-parole du sculpteur et ce n'est pas le cas. Vous êtes un excellent artisan, ne vous prenez pas pour l'auteur. »

Vous avez raison, jusqu'à présent j'ai réparé des nez, des doigts et même une main. Ici, il s'agit du centre de la statue où se fixera l'attention. C'est justement là que la vie exprime son signe ultime. La tâche que vous me confiez n'est pas celle d'ajouter une prothèse à un mutilé, mais de compléter un chef-d'œuvre. En retrouvant l'original, le scandale est assuré.

Le curé écoute le dialogue sans manifester le désir d'y prendre part. C'est une journée pluvieuse, l'eau ruisselle sur les vitres. L'évêque vient lui aussi d'Amérique latine, ce n'est pas un fonctionnaire d'apparat. Il a été en prison pendant la répression d'une révolte paysanne.

« Vous êtes croyant ? »

Pas dans la divinité, je crois à quelques représentants de l'espèce humaine.

« Qu'entendez-vous par sacré ? »

Ce pour quoi une personne est prête à mourir.

« Considérez-vous l'homme de la statue comme sacré ? »

La raison pour laquelle il accepte le sacrifice sans se dérober est sacrée.

« Alors continuez. Je ne peux vous promettre que cette œuvre sera exposée dans un lieu sacré, la décision ne m'appartient pas. Mais je peux vous dire que, grâce à elle, le nom de l'artiste est voué à devenir aussi respecté que celui d'un maître de la Renaissance. L'attention de la critique internationale faisant autorité se concentrera sur ses sculptures. L'Église possède un bon service de presse et de publicité qui contribuera à cette reconnaissance. J'ai été chargé de confier la restauration à une personne compétente. J'ai interrogé un grand nombre d'artistes sélectionnés par notre ami curé, mais je cherchais un homme avec un passé, avec des qualités autres que sa valeur artistique. L'histoire de vos traversées de la frontière est arrivée jusqu'ici. L'œuvre sera exposée dans les musées. L'Église donnera son consentement, mais je ne saurais vous dire si elle l'accueillera dans son espace. »

Je regarde la fenêtre derrière lui. Avec ce temps-là, je n'accompagnerais personne pour franchir les montagnes. Une question me vient à l'esprit, à quelle hauteur se trouve Jérusalem.
« Environ huit cents mètres. »
Je demande s'il neige.

« Presque tous les hivers. »

J'ai brusquement envie de connaître la température de ce vendredi de supplice, entre mars et avril. Le corps s'est réchauffé en gravissant la colline avec la charge du bois sur le dos. Puis, hissé immobile dans l'air, dans le vent, il avait froid. Les spasmes de l'agonie laissaient échapper la dernière calorie.

Je fais part de ces pensées aux deux hommes. J'ajoute que je ne souhaite pas que mon nom apparaisse en tant que restaurateur.

L'évêque a suivi le zigzag de mes phrases, il regarde le curé qui acquiesce à ma demande. « Vous allez dévoiler la nudité de ce corps et vous voulez cacher le détail de votre nom ? »

C'est comme ça, je ne suis pas un artiste, la signature est déplacée. Il ne reste pas le nom de celui qui a appliqué le drapé, il ne restera pas le nom de celui qui l'a retiré.

Je demande qu'on éteigne le chauffage dans la grande salle de la statue. Pour me rapprocher de l'intention du sculpteur : je crois qu'il a travaillé à température extérieure.

Le marbre de la croix est lisse, poli, mais pas celui du corps qui a presque la chair de poule. C'est ce qui contribue aussi au désir de le réchauffer.

Je serre la main du curé, l'évêque, lui, me fait un signe de bénédiction.

C'est le mois de janvier, les nuages glissent tout effilochés. Le soleil se faufile entre les interstices et ceux qui passent dessous sont touchés par sa sollicitude. Je vais marcher sur la plage, j'ai ma musette pour ramasser des coquilles de mollusques, des bouts de bois blanchis. Je marche pieds nus, mes plantes de pieds reçoivent le massage de mes pas.

Le crucifié n'a pas vu la mer. Il vivait avec des pêcheurs de lacs qui sont entourés de rives. Une étendue sans fond devant soi est un régal des yeux.

C'est la première fois que je suis tout près de la mer. J'ai lu l'*Odyssée* et les livres de Stevenson, je l'ai vue au cinéma avec *Moby Dick*, j'y plonge les pieds pour la première fois. Je la croyais déchaînée et en fait c'est un pâturage, les vagues sont lentes, elles avancent en rang comme les vaches de retour à l'étable. J'emporte la montagne avec moi. Je regarde la mer et j'observe aussi le gravier de petits cailloux qui frotte mes plantes de pieds. Je les mouille, elle est froide mais moins que l'eau d'un torrent.

En haut d'un sommet, je peux voir loin, l'horizon se trouve au-dessus de la ligne d'arrivée de l'ascension. Mais ici, l'horizon s'abaisse au niveau de la mer. Il est dégagé, ouvert sans s'élever d'un mètre

Je ramasse un coquillage en forme d'oreille. Je l'approche de la mienne, on dit qu'on entend les vagues. Ce n'est pas l'impression que j'ai. Je perçois comme l'écho d'une citerne qui reprend le bruissement intérieur de mon oreille, le glissement des sons dans un labyrinthe.

De l'autre oreille, j'entends le bruit amplifié de la vague qui passe et repasse sur le gravier. C'est le plus vieux bruit du monde, il est là depuis les premiers âges de la Terre. Il y était quand personne ne pouvait l'entendre. Il a mis des millions d'années avant de se glisser dans une ouïe. Ce sont des pensées qui montent de mes pieds nus sur le gravier de frontière entre la terre et la mer.

Quels rêves fait-on quand on dort tout près ? À l'intérieur des miens roulent des avalanches, la foudre incendie l'arbre, je frappe à la hache un tronc qui ne cède pas, je me bagarre avec un ours qui continue à me tuer.

La différence entre ceux qui vivent à la montagne et ceux qui vivent au bord de la mer doit se trouver dans les rêves. Et ceux des villes surpeuplées ? Je décide qu'ils rêvent les uns des autres.

Il y a des pêcheurs sur le rivage, ils installent deux ou trois cannes à pêche, ils attendent assis.

Je passe derrière eux. Le vent souffle de la terre, il aide les appâts à avancer dans la mer.

Une femme se promène avec un petit chien qui court dans tous les sens, en aboyant après les vagues. Je la croise, elle ne porte pas de lunettes de soleil, et donc je lui souris. Elle me répond, s'arrête, demande si c'est bien moi. Elle a vu ma tête dans le journal et une émission sur les passages de frontières à la télé. Elle me demande ce que je fais à la mer. J'y passe l'hiver. Cette publicité a attiré l'attention des autorités, fini les passages.

Nous nous mettons à parler, nous nous asseyons sur le sable. Le petit chien se couche à mes pieds. Elle s'en étonne, moi non, les chiens m'aiment bien, ils sentent l'odeur des bois sur mes vêtements.

Je lui montre ce que j'ai ramassé, ce que j'en fais. Elle me demande de deviner sa profession. J'essaie : astronome, joueuse d'échecs, biologiste de la vie marine.

« Rien de bien merveilleux, j'organise des voyages. »

Sans partir.

« Parfois une présence est nécessaire. »

Nous sommes collègues, dis-je pour plaisanter.

« Les miens sont riches, les tiens pauvres. »

Merci du tutoiement, une courtoisie de la part d'une personne jeune. Ceux que j'accompagne ont de l'argent, ils doivent payer le moindre de leurs déplacements. Les pauvres ne peuvent pas s'enfuir.

« Alors la différence est dans la destination, mes clients savent tout avant. »

Ceux que j'emmène ne connaissent pas le trajet, mais le point d'arrivée, oui. Ils sont effrayés et courageux, hésitants et impossibles à arrêter. Un homme de Guinée-Bissau a voyagé dans une soute, caché derrière une cage de lions. Ils l'ont bien accueilli, se frottant contre les barreaux pour qu'il les touche. Il a débarqué à Naples, où l'on ne faisait pas attention à sa peau.

Elle parle de voyages, nous marchons sur la plage jusqu'à la tombée de la nuit. Nous allons chez elle pour laisser le chien. Elle m'invite à monter, j'attends dans la rue. Nous allons au cinéma, puis au port manger des calamars frits. Elle aime le ton de ma voix. Les hommes en jouent pour se rendre intéressants. « Ils font roucouler leur virilité, toi non. Tu parles de personne à personne, pas d'homme à femme. Tu ne cherches pas à te rendre intéressant. Et tu ne souris pas, pourtant tu as des rides au coin des yeux. »

Je ne souris pas, je n'y pense pas.

« Tu dois y penser pour sourire ? »

Il me semble que le sourire est une pensée. C'est elle qui sourit. J'étire mes pommettes, je plisse les yeux, mais ce n'est pas un sourire. C'est la contraction défensive de mon visage quand je manie le ciseau. Je fais des sculptures, dis-je.

« Les sculpteurs ne sourient pas ? » demande-t-elle, surprise de mon explication. Nous mangeons des anneaux de calamars en regardant le port. Les bateaux de pêche se balancent dans le vent, ils font un bruit étouffé de cordes et de mécanismes.

On sent un calme de village, de gens chez eux, de fourneaux allumés. Je croise les doigts autour de mon verre. Elle met ses mains dessus.

« Parfois, j'ai envie de tenir un arbre dans mes mains. J'ai l'impression de sentir couler sa lymphe. Tu ne te vexes pas si je te traite comme un arbre ? »

Je prends une inspiration dans ma poitrine et je la souffle sur nos mains réunies. Je les dégage du verre et des siennes. Elle veut payer l'addition. Nous partageons. Je l'accompagne.

Tôt le matin, je vais retrouver la statue. L'encastrement de la croix dans le sol devait prévoir un mètre de profondeur, bien rempli de pierres, pour éviter qu'elle bouge ou tombe. Ce devait être un bois fraîchement coupé dont on venait juste d'enlever les branches et l'écorce. Le sculpteur l'a voulu lisse par opposition à la peau du condamné, rêche de froid et de blessures.

Que faisait-on du bois ensuite ? On l'utilisait pour d'autres exécutions ? Je regrette de ne pas savoir des choses élémentaires, son espèce botanique. Le crucifié l'a reconnue, il était du métier. Il a dû éprouver un peu d'intimité avec son odeur, les nœuds du tronc, un souvenir d'atelier.

Il a dû penser aux clous plantés pendant de nombreuses années, les plus durs dans le châtaignier. Maintenant c'est lui que les clous fixaient. Il me manque des détails de chroniqueur.

Je commence à réparer les endroits abîmés par le descellement, je les égalise avec plusieurs outils, je finis au papier de verre. Il fait froid, je me réchauffe avec ce que font mes mains.

Le soir, je vais dîner, je m'assieds à côté de l'ouvrier algérien. Je lui parle de la restauration du crucifix. Il est musulman, l'islam le reconnaît comme prophète. Les prophètes ont souvent des vies et des morts difficiles.

L'islam aussi s'est servi d'atroces poteaux de supplice. Nous parlons de tout le mal que l'espèce humaine a inventé pour elle-même.

Aucun animal ne se rapproche de notre pire. Aucune autre créature vivante n'a imaginé le supplice de l'empalement. L'habileté du bourreau consistait à prolonger l'agonie.

Nous cessons de manger pendant un moment, nous nous regardons, nous baissons les yeux. Il y a peu de temps encore, nous aurions assisté à ces exécutions dans la rue sans détourner le regard. Décidées par les autorités : cela suffit à leur donner force de loi.

Il finit par dire : « Je préfère les temps d'aujourd'hui. »

Le petit ouvrage à exécuter prend possession de mes sens. Je vois les choses qui m'entourent à travers sa fente. Le nettoyage de l'endroit descellé est plus laborieux. Je dois travailler avec les mains, je mets une lampe frontale pour vérifier ce que j'enlève.

Je ponce autour des hanches, des heures de frottement silencieux, je m'accroche à son corps comme une plante grimpante. Je lis dans les pages de Jean qu'il se compare à un reptile.

« Comme Moïse éleva le serpent dans le désert, ainsi faut-il que soit élevé le fils d'Adam. » Moïse mit un serpent de cuivre sur une perche comme antidote à la morsure des serpents dans le désert. Ceux qui levaient les yeux vers l'image guérissaient. Ainsi devait-il être hissé en haut d'une poutre, à des fins de salut.

Je cherche qui peut m'expliquer l'association de l'homme et du serpent, animal à la mauvaise réputation. Une vieille femme qui habite comme moi au rez-de-chaussée s'y connaît en reptiles rencontrés dans ses rêves. Elle m'en dresse la liste :

« S'il apparaît devant toi sans rien te faire, c'est signe que tu vas gagner de l'argent. S'il te mord, c'est signe de bonne santé et deux fois plus d'argent.

« Si tu le tues, plus question d'argent.

« Si c'est toi qui le vois, une personne cherche à t'aider. S'il est venimeux, c'est toi qui dois aider.

« Si tu lui marches dessus, tu découvriras un piège.

« S'il t'encercle, tu ne dois pas te venger. »

Le serpent est une figure populaire, chacun a eu le sien. Le curé en a fait l'expérience en Afrique. Dans le village où il vivait, on entendait souvent le cri d'avertissement. On cessait le travail pour tuer le danger.

« Avec le recul du temps, je pense que ces serpents cherchaient un accord avec les hommes. Pouvoir vivre de la chasse aux rats qui abondent dans les zones où nous sommes installés, sans déranger. Mais les enfants mettent les mains partout. Un homme ne soulève pas une pierre pour voir ce qu'il y a dessous, il ne met pas les mains dans un tas de bois sans un bâton. C'est pour les enfants qu'on tuait les serpents. J'ai gardé un souvenir désagréable du moment où j'entendais le cri d'alarme. »

Je lui demande comment il interprète la comparaison de Jésus avec le serpent.

« Celui de Moïse guérissait ceux qui levaient les yeux vers l'emblème. Jésus s'attribue la même capacité de guérir de la morsure, celle des péchés. L'explication est de saint Augustin, pas de moi. »

Au dîner, je revois la femme de la plage. Comment m'a-t-elle retrouvé ? Elle a cherché dans le coin avec une photo qu'elle avait prise de moi. Elle m'invite à l'accompagner pour manger dans un autre endroit. Volontiers, mais pas trop loin, le soir j'ai faim de bonne heure, lui dis-je. Elle conduit en direction de la colline.

Je parle de mes rythmes décalés, j'ai des sucs gastriques d'un homme du Nord, à sept heures ils veulent reprendre du service. Son parfum à la bergamote me pique le nez. J'ouvre la fenêtre, la soirée est fraîche, froide pour elle.

Nous nous éloignons, mon estomac proteste. « Nous sommes arrivés », me dit-elle.

Nous descendons les marches qui conduisent à une cave de tuf aux murs nus et aux tables recouvertes de nappes blanches. Elle a réservé. Elle savait que j'accepterais ?

« Je serais venue quand même. »

Quatre verres sont disposés devant moi, j'essaie de comprendre quel est celui pour l'eau. Elle choisit les plats. Le garçon est vêtu avec l'élégance d'un témoin de mariage.

Ils discutent, je regarde autour de moi, je touche les couverts, je retourne mon assiette peinte à la main. Je devrais comprendre ce que voit cette femme dans un échalas comme moi.

Après le premier verre de vin descendu dans mon vide, je lui raconte à rebours ce que je suis en train de faire, en commençant par la conversation sur le serpent.

Ça l'intéresse et elle me conseille de demander l'avis d'une de ses relations. Ce n'est pas un zoologiste, c'est un rabbin. Dans l'Ancien Testament, le serpent est fréquent. Ma rime involontaire l'amuse et elle la répète : « Le serpent est fréquent. »

Elle me parle du sien. Dans un jardin en Arizona, elle a vu un serpent à sonnette enroulé sur lui-même, à un mètre d'elle. Sa queue ne vibrait pas, il ne bougeait pas, il était de la couleur de la terre. Elle était en train de regarder un citronnier. Mais elle a quand même senti sa présence en se retournant.

Elle n'a pas été gagnée par la panique, mais par un calme immobile. Le reptile non plus n'a pas bougé. Puis, très lentement, un centimètre après l'autre, elle a déplacé son corps. Le serpent a continué à la regarder.

« J'ai peur des reptiles, je ne comprends pas pourquoi je n'ai pas eu peur à ce moment-là, aussi près. »

Parce que tu étais dans un jardin, lui dis-je. Il est bien connu depuis Ève qu'une femme près d'un arbre et d'un serpent sait quoi faire.

« Je ne comprends pas si tu es sage ou stupide. »

Je suis vieux, un compromis entre le corps et son ombre.

« Au contraire, tu me sembles très corps et pas du tout ombre. »

Chez moi, une ombre est un verre de vin. J'en bois encore un, rouge clair. Je ne sais pas quel poisson j'ai dans mon assiette, avec la sauce.

D'autres couples s'asseyent aux tables voisines. On dirait que les nombres impairs ne sont pas admis ici, lui dis-je.

« Je voudrais faire la traversée des contrebandiers avec toi. »

Je ne demande pas pourquoi. J'imagine

qu'elle veut la proposer comme destination touristique, vérifier si le chemin est praticable.

Je ne demande pas pourquoi, ce n'est pas bien de demander à une femme de s'expliquer. Il est moins inconvenant de lui demander son âge que ses raisons. Cela oblige à en inventer une. Je me parle à moi-même tandis que j'attends avant de répondre. Je suis partagé : je n'ai pas accompagné le journaliste, pourquoi devrais-je le faire avec elle ? Ce débat intérieur dure le temps d'un silence encombrant. Je trouve la solution dans un compromis.

Ça peut se faire à la fin du printemps, en fonction de l'épaisseur de neige tombée en hiver.

« C'est impossible en hiver ? »

Ça devient de l'alpinisme. Elle s'informe sur la distance, les heures, les dénivelés. Je reste évasif : cent mètres raides sont pires que cinq cents en pente.

Elle est allée dans l'Himalaya, pour accompagner des excursions. Elle parle de l'Island Peak, six mille mètres, avec son sommet qui donne sur la gigantesque face sud du Lhotse.

Tu es meilleure alpiniste que moi, lui dis-je.

« Non, j'y suis allée avec des guides, accrochée aux cordes fixes jusqu'au sommet. »

Elle parle des aéroports et de leurs pistes

courtes au milieu de ces montagnes. Les atterrissages se font en montée, l'avion monte au lieu de descendre et il touche terre en freinant sur une rampe. Les décollages font au contraire plonger l'avion jusqu'au bas de la piste, pour remonter ensuite.

Tu as vu une bonne partie du monde, lui dis-je.

« Vu, oui, mais seulement vu, le moins important des sens. Il faut rester dans le monde pour y comprendre quelque chose. Le thé que nous préparaient les porteurs, là où il n'y avait pas de végétation, était fait en brûlant le crottin sec des yacks. Ils le ramassaient pendant que les bêtes avançaient sous leur charge. Moi, il me faut un guide aux quatre coins du monde pour pouvoir emmener un groupe derrière moi. C'est pour ça que j'admire ceux qui savent se débrouiller seuls dans les vastes espaces. »

Je lui demande l'adresse du rabbin. Nous quittons la salle sans nous occuper de l'addition à régler. Elle est assez délicate pour ne pas payer devant moi. Merci madame, lui dis-je.

« De rien, monsieur le contrebandier. Je t'emmène chez moi ? »

Je me tais, je n'arrive pas à croire que cette femme désire fouiller sous mes vêtements. « Je ne te demande pas si je te plais. Je te demande si ça te va. »

Je n'ai pas pris de douche depuis trois jours, ou peut-être quatre, dis-je. « Tu la prendras chez moi. »

J'ai un rendez-vous avec le rabbin, on se voit au port. Il est jeune, marié, il s'occupe d'art moderne, est astronome à ses heures. Il a découvert des étoiles.

« On sait que leur catalogue est infini, en ajouter une nouvelle n'est pas si extraordinaire, mais quand ça arrive, je me surprends à applaudir le ciel. Il ne nous est pas permis à nous autres hommes de mettre au monde une nouvelle vie. Mais nous pouvons ajouter une étoile au catalogue. »

Je lui demande si connaître plus d'étoiles, plus de distances, sert à enrichir nos connaissances ou seulement nos archives.

Il dit que nous voulons fouiller les limites de l'univers.

Il semble que ce ne soit pas à nous de le faire, dis-je.

« C'est exact, mais nous ne sommes pas libres de cesser la recherche. Nous appartenons à une espèce d'entêtés. »

C'est une journée limpide, nous marchons le long de la mer. Je lui parle de mon travail, il est déjà au courant. Il connaît l'artiste du crucifix, il a vu dans une maison une de ses sculptures, un chien droit sur ses pattes postérieures, un hymne à la joie.

Il est curieux de connaître celui qui a finalement été chargé de restaurer la gêne. Son père, qui était tailleur, l'appelait ainsi quand il prenait les mesures pour un pantalon. Il demandait au client de quel côté, droit ou gauche, il portait la gêne. Il avait noté dans un cahier les meilleures réponses.

Je ne saurais pas répondre, je passe de la droite à la gauche, là aussi.

« Je suis curieux de savoir de quel côté la statue porte la gêne. »

Je l'ignore, à cause du début d'érection. Il est stupéfait.

« Ne vous mêlez pas de ça, laissez tomber. Vous n'imaginez pas dans quel guêpier vous vous fourrez. »

Je ne peux plus me dérober, j'ai retiré le drapé, en abîmant les parties recouvertes. Comme dans une escalade, dans une sculpture aussi il y a un point de non-retour, au-delà duquel on ne peut qu'aller de l'avant.

« Remettez le drapé. »

Il était en granit et il est en morceaux à présent.

Nous marchons à contrevent tandis que je lui parle de mon désir de partager le point de vue du sculpteur : il a voulu s'identifier à son sujet, monter avec lui jusqu'à la dernière marche. L'ébauche d'érection est le détail le plus émouvant de toutes les images chrétiennes, le jaillissement de vie qui s'oppose. Le sculpteur n'a rien fait d'autre ensuite, on l'a retrouvé mort de froid en montagne, à moitié nu. À haute altitude, pas chez nous, un alpiniste atteint d'œdème cérébral commence à se déshabiller même dans une tempête. Il croit qu'il fait chaud.

Dans le cas du sculpteur, il n'est pas question d'œdème. Il s'agit de volonté d'imitation. La statue a la chair de poule.

Nous inversons le sens de notre marche. Nous sommes poussés dans le dos par le vent, les mots courent devant nous. Je lui parle de la comparaison de Jésus avec le serpent.

« Pour nous, l'explication se trouve dans la valeur numérique des mots en hébreu. Nous n'avons pas les chiffres arabes et nous avons utilisé les lettres de l'alphabet pour les représenter. Un mot est aussi une série de chiffres, une somme. Deux mots avec le même nombre forment un couple fixe, comme pour les rimes. Et le mot "serpent" a la même valeur numérique, la même somme de lettres que le mot "messie".

Jésus est un juif instruit et il parle à un autre juif instruit, en mesure de saisir le sens de la comparaison. Comme fut élevé le serpent, ainsi sera élevé le messie. »

Pour vous, comme pour les chrétiens, il s'agit ici d'une réhabilitation du serpent.

« L'important est que, là, cet homme déclare être le messie. À son époque, cela n'avait pas la même valeur de point final du monde. Il pouvait être prêtre ou roi, oint d'une huile spéciale. "Messie" vient du verbe hébreu "oindre". Il s'opère là un changement de sens du titre qui devient l'aboutissement de l'histoire. Là, on met une majuscule au messie, absente en hébreu. Le scandale est puissant pour les oreilles de ses contemporains. Il a des conséquences politiques : si la fin du monde est proche, à quoi sert de se battre pour l'indépendance, contre l'occupation étrangère ? Si le messie est le samedi du monde, aujourd'hui c'est déjà vendredi, on règle ses comptes avec sa propre conscience et on attend.

« C'est sa nouveauté, insupportable. Nul ne veut être contemporain de la fin du monde. »

Je le remercie, j'en ai assez entendu pour accroître ma confusion. La phrase lui plaît, car il me dit ensuite qu'il a changé d'idée.

« Faites la restauration. »

Nous nous saluons sur ma promesse de le tenir au courant.

À l'heure du dîner, un pêcheur apporte un exemplaire du Coran, remonté avec les filets. Il le remet à l'ouvrier algérien. Les pages sont gonflées d'eau de mer et de sel séché au vent. L'ouvrier les reçoit les deux mains ouvertes comme un plateau, il embrasse le papier. Le pêcheur dit qu'on remonte à bord toutes sortes de bagages, même les corps défaits de ceux qui les portaient. Ceux-là, ils les remettent à la mer avec une prière pour leur repos éternel.

Je pense que je n'ai rien eu à dire en enterrant les restes de ceux qui ont tenté de traverser seuls. J'ai mis dessus un tas de pierres, pour laisser une trace.

Le pêcheur a rapporté aussi des livres. Il s'étonne qu'ils en ajoutent au strict minimum autorisé par les contrebandiers, à la place d'une paire de chaussures ou d'un pull en laine. L'ouvrier algérien interrompt son dîner, tourne les pages et les lisse. Le pêcheur ne s'en va pas, il attend peut-être une récompense. L'ouvrier algérien est ému, il ne dit rien d'autre que merci.

Le mot de « contrebandier » me pousse à intervenir. Je pense que moi aussi j'ai réduit le bagage des traversées. Je dis qu'un livre sert de porte-bonheur, de compagnon de voyage, d'ange gardien. Il sert même de passeport à ceux pour qui il est sacré. Chez moi, à la frontière, des hommes passent avec ces pages imprimées.

« Comment le sais-tu ? Tu es douanier, tu contrôles les bagages ? »

Il n'apprécie pas mon intervention, je distrais l'ouvrier, il n'aura pas son pourboire.

Je ne suis pas douanier. Le pêcheur s'en va, mécontent.

« C'est notre livre saint. Sauvé des eaux, il est encore plus saint. Il y a un pharaon moderne qui noie à la fois les femmes, les hommes, les livres et les enfants. »

Il me parle pendant que je termine ma soupe. La sienne est froide dans son assiette. Il continue à tourner et à lisser les pages, une par une, du dos de ses doigts, la partie la moins rêche de sa main. Il me dit qu'il est venu chez nous par la mer avec ce livre dans son sac.

Dans la grande salle, je suis emmitouflé dans quatre épaisseurs, avec un béret enfoncé jusqu'aux oreilles. Je l'ai pris au port, tous les pêcheurs en ont un vissé sur la tête.

Je polis les parties abîmées par le descellement. En contact avec la surface, je perçois l'étirement des muscles abdominaux de la statue, dû à l'allongement forcé de la position. Sous le papier de verre, je sens les fibres ébauchées, invisibles pour ceux qui observent.

En frottant, je parcours les faisceaux sous la peau, l'anatomie recopiée sur le corps du sculpteur et transférée à l'œuvre. J'atténue, j'égalise, j'élimine lentement la trace du drapé, encombrant même une fois tombé. Les hanches sont creusées, les os du bassin dépassent comme deux parenthèses. Au milieu, se dessine la cavité du jeûne d'un athlète.

Je travaille sur les bords pour effacer le tissu, là où la peau de la statue est écorchée par les coups de fouet. Sur le dos, en partie seulement collé à la croix, le cuir a laissé des blessures en forme de fjord. Là où le coup s'est enfoncé, la surface est karstique.

Le curé vient me voir, enveloppé dans son manteau. Il s'inquiète du froid, il a une thermos de thé chaud. Je suis habitué aux hivers et le polissage me réchauffe. Au travail, le corps produit sa meilleure chaleur, celle qui tire son origine de l'intérieur. La statue aussi transpire de la poussière de marbre.

Je lui fais toucher les muscles du ventre, invisibles, dans les parties cachées par le tissu. Il s'étonne de sa perfection. C'est le signe patent de la volonté d'imitation du sculpteur, prêtant son corps à la statue.

Le curé cite une phrase d'un traité du xve siècle, *L'imitation de Jésus-Christ* :

« Que me deviennent précieuses, et désirables, en ton nom, toute épreuve et toute tribulation. » Et il commente : « Ainsi les souffrances du crucifié deviennent un entraînement pour ascètes, des exercices refaits par admiration. »

Je lui explique que, selon moi, le sculpteur s'est suspendu par les mains à une poutre pour sentir l'effet de l'étirement prolongé des abdominaux. Cette position qu'il a prise permet de comprendre la précision des muscles pectoraux de la statue. Ils permettent au corps de résister à la compression du thorax.

Je lui montre un endroit sous la dernière côte où la peau est contractée, un pincement produit par une crampe. Nous n'assistons pas là à une leçon d'anatomie, mais à l'expérience d'une identification physique entre sujet et auteur. Il n'a pas utilisé de modèles, il ne s'est pas dérobé à la souffrance de la position pour la copier à distance. Il voulait la connaître de l'intérieur. Il s'est persécuté plus qu'entraîné pour arriver à l'imitation extrême.

La vapeur sort avec mon souffle dans le froid

quand je parle. C'est le mois de février, le givre reste collé aux vitres. Il me verse du thé chaud, il veut que je le boive. De mon côté, je comprends que je suis en train de chercher à imiter le sculpteur. La tentative est de seconde main, j'imite l'imitateur. Comme ça aussi je me donne une température inconnue jusque-là.

À la fin de la journée, je sors pour me dégourdir les jambes. Mes mains se reposent dans mes poches. J'ai besoin de mettre des kilomètres sous mes pieds. Le vent souffle de la terre, les vagues arrivent en bataille. Mon visage se détend de la grimace du travail, les yeux fermés, la bouche serrée. Il se laisse défroisser par les rafales de l'air, un massage qui tire des larmes.

Le soir, je sors pour dîner, je m'assieds près du joyeux poêle à bois qui crépite et étincelle. On voit la flamme par une petite fenêtre vitrée. Pendant que j'attends mon plat, je m'endors, les bras croisés, la tête appuyée sur ma poitrine. La patronne me laisse me reposer, elle garde mon assiette au chaud.

Un bruit de toux me fait rouvrir les yeux, la femme est assise devant moi. Je frotte ma figure, je déglutis à sec. Elle a les cheveux serrés dans un bonnet de laine. Je soupire.

« Je me suis invitée. »

Tu as bien fait, je te dois un dîner.

Elle va bientôt partir, elle accompagne un groupe pour aller voir les baleines sur les côtes de l'Argentine. Elle me demande si je viens avec elle, une place s'est libérée, rien que le vol à payer, quinze jours.

Je préfère les anchois, mais merci d'y avoir pensé.

« L'autre nuit, j'ai aimé ton dos. Il ne pèse pas sur tes hanches, fort à l'attache du cou. Si Jésus avait été crucifié à soixante ans, il aurait eu ta taille. »

Je la remercie du compliment qui me donne une alternative à la sculpture. Je pourrais servir de vieux modèle. Avec elle, il m'arrive de plaisanter.

La patronne arrive avec deux assiettes. Elles se sont parlé pendant que je dormais, elles se sourient. J'écoute son histoire de baleines vues de près.

« Elles sentent le musc, elles viennent avec leurs petits pour les présenter, elles ont confiance en nous. Elles avancent doucement pour ne pas soulever de vagues. Tu préfères encore les anchois ? »

Non, maintenant je préfère les baleines, combien coûte le kilo ? Je me surprends à dire des bêtises. Alliées à mon visage sérieux, elles la font rire. Un homme peut être fier du rire d'une femme. Ou bien elle rit pour me faire plaisir, par une sorte de charité moins courante.

Elle prend un deuxième plat, moi je m'arrête au premier. Le vin de la carafe vient de la colline derrière mon dos. C'est la patronne qui le tire de sa vigne. Elle aime les compliments sur sa vendange, plus que sur sa cuisine. Je lui suggère de lui dire qu'elle le fait bien.
Elle me demande si ça ne m'ennuie pas de manger seul le soir dans un lieu public.
Je suis un homme qui peut se permettre un repas cuisiné, assis à une table déjà mise. Je n'ai même pas de casserole ni d'assiette à laver. Je peux m'offrir ce luxe grâce à un métier appris à force de faire et de regarder faire. Je me paie un dîner et une chambre : pourquoi ça devrait m'ennuyer ?
J'ai été favorisé par le sort qui m'a même offert une bonne santé. Combien d'hommes au monde s'en tirent aussi bien ? Je parle à voix basse pour ne pas attirer l'attention sur cette étoile qui me protège. Un philosophe de l'Antiquité recommandait de vivre caché.
« Épicure. »
Oui, c'est lui, vis caché, à voix basse, sans te faire remarquer en clamant ta chance. J'ai plus

que le nécessaire et s'il me manque quelque chose, je ne m'en aperçois pas.

« Donc, c'est de ça qu'est fait un homme ? De ce qu'il a en poche ? » demande-t-elle irritée. Pas un homme, mais sa dignité de se suffire à lui-même, sans peser sur les autres. Elle remarque la distance entre son ton et le mien, elle essaie de changer de sujet.

« Alors, tu m'accompagnes gratis, même si je ne suis pas en cavale ? »

Je t'accompagnerai. Je n'ai pas à savoir pourquoi tu le fais. Je t'accompagnerai parce que là-haut, à la frontière, les montagnes s'entassent les unes sur les autres et occupent la terre et le ciel. Seuls ceux qui savent marcher dans le brouillard s'en tirent, et nous ne sommes pas nombreux. Je t'accompagnerai pour te remercier de ta gentillesse.

Cette fois-ci, elle est désolée. Elle me tend la main entre le pain et les verres.

La salle se vide, les ouvriers se retirent. Nous nous levons pour ne pas gêner la fermeture. Je tente de faire la même chose qu'elle au restaurant, de payer l'addition à un autre moment.

« Ce soir, c'est la maison qui régale », dit la patronne, et les sourires suffisent à remercier.

Dehors, je lui demande quel compliment elle a fait sur le vin pour qu'on nous offre le dîner.

« Je lui ai dit qu'il lui ressemblait. »

Joli coup, tu es une femme du monde, tu sais y faire même dans les tavernes.

« Oui, je suis une femme de ce monde. Toi, tu es de quel monde ? »

Je pense être de celui-ci, mais pas de cette époque. Je suis du XXe siècle. Il me semble parfois que je suis du XXe siècle avant Jésus-Christ.

« C'est probable. Un homme de cette époque-ci viendrait avec une femme de ce monde pour caresser les baleines. »

J'ai du marbre qui m'attend.

« Une matière millénaire qui ne peut attendre deux semaines. C'est vrai, tu n'es pas de ce monde. »

Nous laissons tomber le monde et nous allons au cinéma.

Nous voyons l'histoire d'un homme qui sauve un jeune étranger, un voisin, avec une fin inattendue. Je suis ému.

« Tu pleures au cinéma ? »

S'il m'émeut à ce point-là, je me laisse aller.

Elle non, elle regarde le film en observant les prises de vue, le jeu des acteurs, le montage. Elle est attirée par la construction. Moi, tout m'échappe, sauf l'histoire. Elle reste pour lire toute la liste de noms du générique, en hommage au travail des participants. J'apprends que c'est comme ça qu'il faut faire.

Nous allons chez elle pour la deuxième fois. Devant la porte d'entrée, nous croisons un homme. Il est sur le point de lui dire quelque chose, il m'aperçoit derrière elle, s'arrête, nous laisse passer. Je le regarde du coin de l'œil, il se dérobe. Il sent l'après-rasage. Le croisement dure une ou deux secondes.

Alors que nous nous enlaçons étroitement dans sa chambre, l'idée de me faire circoncire me vient à l'esprit avec l'évidence d'un souvenir. Cette intention me donne de l'élan pendant l'heure suivante.

Je cherche un médecin, un dermatologue, pas pour moi. J'ai fait une découverte sur la statue. Avec ma main, je retire la poussière de marbre tombée sur les pieds du crucifié. Et là, je sens au toucher comme de petites écailles. Je ne les sens que sur les pieds.

Que l'artiste ait pris une liberté déplacée me tracasse. Aurait-il imaginé une maladie, la lèpre ? Comment l'expliquer : parce qu'il prenait sur lui les plaies des autres ? Alors, il fallait qu'il ajoute une cécité, une surdité, une paralysie. Même si un spectateur ne peut voir ce que j'ai découvert, je dois prévenir le curé. Je lui demande l'adresse d'un dermatologue.

« Un dermatologue pour une statue, je n'avais encore jamais entendu ça », et il vient vérifier. Il tâte, souffle sur ses doigts et tâte à nouveau. Il me regarde et sourit.

« Ce n'est pas une maladie, ce n'est pas la lèpre. Ce sont des écailles. Il est en train de devenir poisson, d'après le sculpteur. » Il voit que je ne comprends pas.

« Le poisson est le premier symbole chrétien. On le trouve dans les catacombes. Il vient du grec *Iesus Christos teu' uios soter*, Jésus-Christ de Dieu fils sauveur. Les initiales de la phrase en grec forment le mot *ichtus*, "poisson". Le sculpteur voit la transformation du corps en symbole de salut au moment de la mort. »

Je commence à comprendre. D'abord avec la chair de poule à cause du froid, ensuite avec les écailles : le crucifix ne doit pas être admiré de loin, il faut le toucher. Il s'agit d'une œuvre qui se révèle seulement sous la caresse.

Au lycée, j'ai étudié *Apollon et Daphné* du Bernin. La nymphe se transforme en laurier pour échapper à l'étreinte du dieu. Elle ne veut pas. J'ai aimé son caractère.

Mon jumeau, le penseur, réplique. Le crucifié ne se dérobe pas, il renonce à sa volonté, en devenant la greffe d'un homme sur un arbre.

Dès que je me retire dans un souvenir, il apparaît avec ses conclusions farfelues. Je les garde pour moi, mais son intérêt pour ce travail me fait plaisir. Il ne s'est pas manifesté depuis de nombreuses années.

Le curé m'invite à poursuivre cette conversation au presbytère où l'on est au chaud.

« Cette découverte ajoute de la valeur à l'œuvre. » Il me félicite, il m'embrasse, sa soutane se couvre de la poussière blanche du marbre. Il ne l'enlève pas. Quel drôle de type, ce sculpteur qui veut être perçu par les aveugles.

Nous nous mettons à parler du crucifix.

« Je crois à la vérité de cette histoire parce qu'elle est impossible à inventer. Je crois à sa vérité qui est à la limite de l'invraisemblable et sans compromis avec l'acceptable. Je lis les plus grands écrivains et aucun n'arrive à la température de la révélation. Pour l'accueillir, il ne suffit pas d'être un lecteur, il faut une catapulte d'amour qui répond. À ce moment-là, on fait aussi l'expérience de la plus grande crainte. »

Que vient faire la crainte avec l'amour ?

« Si tu ne le sais pas, c'est que tu n'as pas encore aimé. L'amour obtenu coïncide avec la plus grande crainte, celle de le perdre. En tant que prêtre, ma crainte est dans le danger de perdre la foi. Je ne suis pas propriétaire de ce sentiment, je suis un intérimaire à l'essai. Tous les jours je peux être licencié pour incapacité. Toi, tu es un homme et tu n'as pas éprouvé dans l'enthousiasme de l'amour la crainte de perdre la personne aimée et donc de te perdre aussi toi-même ? »

Je ne pense pas. Je ne me crois pas capable de suffire à une femme. Je l'ai perdue, mais sans crainte.

« Écoute ce que dit le Cantique : "Tu es un jardin fermé, ma sœur, un jardin fermé et une fontaine scellée." C'est la plus grande crainte de l'homme face à la femme, rester exclu de l'enceinte, assoiffé devant une source tarie. »

Je n'ai pas connu cet amour. À mon air confus, le curé pense avoir exagéré, il s'excuse. Il ne faut pas, j'apprends avec plaisir ces dernières nouvelles sur un célèbre sentiment.

Il va en référer à l'évêque, moi je retourne à la statue. Là où le dos s'appuie en haut contre la croix on voit une adhérence entre le corps et le bois. À cet endroit, le travail de sculpture a été difficile. Encore plus dans l'étroit passage entre le buste qui se tord en avant et la croix. Il y a de la place pour glisser la main et toucher les vertèbres. Les faisceaux musculaires de chaque côté de la colonne vertébrale sont la marque d'une grande pratique.

Son rapport idéal entre puissance et poids l'amènerait aujourd'hui à faire de l'escalade. Le sculpteur a été alpiniste avant la guerre, puis il s'est battu dans les montagnes avec les chasseurs alpins. Il a prêté son corps au crucifié. L'imiter en se permettant l'intimité d'échanger son propre corps avec le sien a dû lui donner le vertige.

Je retire ma main de l'espace entre les vertèbres et la croix, là où est sculptée la courbe d'un effort pour se détacher de la position qui lui écrase le thorax. Il se cambre afin de voler la gorgée d'air nécessaire pour mourir.

Dans une chambre où un homme agonisait, j'ai entendu une femme dire : « Ouvrez la fenêtre, sinon il ne meurt pas. »

Là, le crucifié, même avec le vent qui souffle sur lui, sur son visage, meurt d'asphyxie. Oui, il y a du vent, ses cheveux en désordre sont agités dans une direction.

J'informe le rabbin de mon intention de me faire circoncire. Mon but est de me rapprocher. Il ne fait aucun commentaire, il me donne l'adresse d'un médecin et ajoute un mot d'accompagnement.

Je rencontre un homme de mon âge, proche de la retraite, chaleureux, bien habillé. Il m'explique l'intervention et la durée de la convalescence.

Il commente ma volonté de me rapprocher de la statue.

« Comme si, afin d'interpréter un personnage musulman ou juif, un acteur se faisait circoncire pour se fondre dans le rôle : une méthode Stanislavski poussée à l'extrême. »

C'est un spectateur passionné de théâtre. Quand il était jeune, il a joué dans une compagnie amateur. Il aimait la tragédie, son identification au caractère du personnage durait plusieurs jours après la fin des représentations.

« Il faut un nouveau personnage pour se débarrasser de l'autre. » Il m'explique que l'intervention se fait au laser.

« C'est l'arrivée de la machine à coudre là où avant on opérait à main levée. Le patient gagne du temps et nous de la précision. En médecine, les techniques changent, mais nous seuls, qui avons appris à faire à l'ancienne, savons intervenir quand la machine à coudre tombe en panne. » Je dois faire des analyses, puis l'intervention aura lieu en ambulatoire, dit-il. Je suis d'accord, je prends congé de ma nature précédente.

Je vais lire l'histoire de la première circoncision à la bibliothèque. C'est Abraham qui l'inaugure en tant que sceau de l'alliance avec la divinité. Il a quatre-vingt-dix-neuf ans quand il pratique cette intervention, d'abord sur les hommes de sa maison, puis sur lui. Le jour même où il rencontre la divinité, il aiguise son couteau.

J'imagine l'étonnement de ses serviteurs, puis leur soumission. Ils se soumettent à la chirurgie sommaire du premier praticien. L'histoire sacrée va vite, elle ne s'intéresse pas à eux. Un écrivain aurait rédigé cent pages entre l'ordre et l'exécution.

Je pense au premier serviteur qui se déshabille, qui ne sait rien de ce qui lui arrive. Son nom devrait être écrit et conservé.

La statue est grandeur nature, le corps fait environ un mètre quatre-vingts en position d'allongement forcé. La partie supérieure de la poutre le dépasse de vingt centimètres. À l'aide d'une échelle je monte voir d'en haut. J'observe les faisceaux musculaires du cou, les biceps étirés, les triceps en relief sous l'effet de la torsion.

Je regarde en bas, je m'aperçois que le point de vue est panoramique, de là on voit Jérusalem. C'est l'heure du coucher de soleil d'un vendredi, le soir du samedi va bientôt entrer. Les bruits s'éteignent, dans l'attente de l'arrêt total des activités. Il meurt juste avant, tandis que la dernière lumière embrase le blanc des remparts.

Je pose ma main au sommet de la croix, je touche quelque chose qui est gravé. J'allume ma lampe frontale, je pense qu'il s'agit de la signature qui manque. Je nettoie la poussière, je vois trois signes que je ne connais pas. Je les recopie sur une feuille.

Je vais à la bibliothèque pour voir s'il s'agit de lettres grecques, mais elles ne correspondent pas. Je vais chez le rabbin, il les regarde.

« Ura, réveille-toi. » Ce n'est pas à moi qu'il le dit.

« C'est l'invitation adressée à la divinité dans le psaume 44. C'est sur la statue ? »

Je demande ce qu'elle fait là, au sommet de la croix.

« Par ce verbe, le sculpteur demande au crucifié de se réveiller. C'est une invitation à la résurrection, qui est la nouveauté du christianisme, son commandement ajouté. »

D'après lui, Ura a donné ensuite le cri de joie « Hourra ! ». Gravé sur la croix, le bois devient une écriture.

« Le corps du crucifié sert de pont entre l'Ancien et le Nouveau Testament. Pour ma part, je considère les quatre Évangiles comme des livres de l'Ancien. Le Nouveau commence avec la mort du crucifié, avec les Actes des Apôtres. »

En entendant ses explications, c'est comme si j'étais à nouveau dans la mine, dans les galeries éclairées à l'acétylène. Au lieu du charbon, j'ai l'impression d'extraire des significations. Les détails s'agrandissent comme dans les tunnels à cause des ombres du faisceau de lumière. Je ne le lui dis pas, il se vexerait peut-être.

Je lui parle des écailles des pieds. Il voudrait voir la statue. Il faut que je demande l'autorisation.

L'intervention a été courte, une piqûre d'anesthésiant et moins d'une demi-heure. Je rentre les jambes écartées, comme si j'avais mouillé mon pantalon. Ça fait mal, je dois résister. J'ai voulu la modification et il faut quatre semaines d'ajustement. Maintenant je peux dire où je porte la gêne.

Je me procure une canne, je simule une entorse. La femme est partie voir ses baleines. Me voilà circoncis. Je me sens inscrit dans une confraternité. Ça me brûle. J'ai besoin de froid. La première nuit, je dors mal. Je me rhabille, je sors dans la rue.

Je vais me promener au bord de la mer, je descends sur le sable, je mouille mon visage. Je pense à mes traversées. À l'aller, je m'arrête à un torrent. Ils croient qu'ils doivent le traverser, ils ne voient pas de passerelle. Je m'assieds, ils comprennent que c'est une pause. Je veux qu'ils écoutent le fracas des eaux, en gardant le silence, une sorte de minute de recueillement. Je mets mon visage dans le torrent, je rince mes oreilles.

Nous remontons le long du torrent jusqu'à l'endroit où il disparaît. Nous passons du bruit de l'eau au crissement de nos pas sur les gravillons.

Les vagues toutes proches me ramènent à cet endroit et à cette heure-là. Je marche jusqu'au bout de la nuit. Je croise les pêcheurs qui vont vers leurs bateaux. Un bar ouvre pour eux. L'obscurité s'estompe, l'aube arrive avec un effet de solvant, puis la nuit se laisse soulever comme un rideau métallique. Ici, il n'y a pas de coq pour monter sur un tas de fumier et crier vers l'orient. Ici, crépite le moteur diesel des bateaux qui sortent.

J'entre dans le bar, je me réchauffe avec un café allongé, j'écoute les conversations sur l'hiver et les aubes qui gagnent de la lumière. Pas une seule femme n'entre. Les gorges des hommes croassent en se raclant la voix avec les premiers bonjours.

J'explique au curé que je dois m'arrêter. Les traces du tissu ont été éliminées, je dois passer à la reproduction de la nature manquante. Je n'ai pas encore trouvé le marbre qui convient. Je lui dis que j'ai besoin de voir des statues de nus de l'Antiquité, et je vais au Musée archéologique de Naples. J'y suis déjà allé au cours du siècle précédent pour étudier les terres cuites et les bronzes de Vincenzo Gemito, après le lycée artistique.

Au temps de ma jeunesse, j'avais besoin de maîtres. Naples et Paris m'attiraient. Le change entre les lires et les francs était humiliant, je ne suis resté que deux jours et une nuit sans bouger du musée Rodin de l'ouverture à la fermeture.

Avec la même somme d'argent, je suis allé à Naples pendant un mois. Gemito n'aimait pas le marbre parce qu'il ne se laisse pas modeler par les pouces. Ses œuvres sont de petit format, les critiques lui reprochaient d'enfermer son talent dans des miniatures. Il voyait la réalité à échelle réduite mais précise. Il ne l'a trahie qu'avec la statue monumentale de Charles Quint sur la façade du palais royal, son œuvre la moins réussie. Il respectait les autorités royales. Il s'en sentait consanguin parce qu'il n'était le fils de personne, il pouvait l'être de tout le monde, même d'un roi.

Gemito avait besoin de la cuisson dans un four pour reproduire l'empreinte du soleil sur la peau de ses modèles d'enfants déchaînés par la misère. Le bronze brillait de leur sueur.

Pour lui, l'art était païen, il n'exécuta pas de sujets sacrés, ne travailla pas pour des églises. C'est bon pour moi de me tourner vers un temps préchrétien, vers la ville au nom grec, Naples, et au plan romain. Il y a quarante ans, j'étudiais les petits sujets nus de Gemito. Maintenant, je m'occupe de nus adultes.

Je me souviens de ce mois-là. Un porte-avions gris étendu en forme de fer à repasser devant le Castel dell'Ovo. Des avions giclaient avec des bonds de sauterelle sur son pont. L'Amérique dans le Golfe, théâtre, cinéma et boucan.

Un homme qui vient des bois et d'un village se retrouve à Naples, sorti du train au milieu de la place de la gare. Il doit étudier la situation. La difficulté immédiate, c'est la traversée. J'observe ce que font les passants pour atteindre la rive opposée du trottoir. Le courant d'automobiles est continu.

Ils font comme ça : ils descendent du bord tandis que le flux s'écoule indifférent à eux. Ils avancent dans le gué, frôlés et contournés par les voitures comme des rochers qui affleurent. Ils avancent rapidement jusqu'à la berge d'en face. Il ne faut pas croire que la mer Rouge s'ouvre en deux pour eux, mais c'est une mer rouge locale, élastique, qui coule en évitant le peuple en marche. Elle l'incorpore et le repose indemne de l'autre côté. Je regarde sans bouger. Je prends des notes visuelles étonnées sur la dynamique du lieu, sans me décider à tenter l'expérience. Il est impératif de ne pas hésiter une fois dans le courant. La mer Rouge s'adapte à l'intrus si son pas est décidé, mais devient coléreuse et impétueuse s'il hésite ou change d'avis.

La traversée doit être décidée, comme en montagne lorsqu'on retrousse son pantalon jusqu'aux genoux avant de passer à gué un torrent les chaussures à la main. Il faut faire vite pour ne pas se geler. Je n'ai qu'un léger bagage, un petit sac à dos que je retire pour me fondre dans la masse. J'attends que quelqu'un d'ici descende avant moi dans le courant. Un vieil homme comprend que je n'ai pas l'habitude.

«Venez avec moi.»

J'obéis avec l'adhésion d'une ombre et la canne à la main pour tenir en respect la crue. Je me vois frôlé par deux voitures, pris dans les bras par un motocycliste. Je me retrouve indemne, je remercie. Pour la suite, je sais comment faire.

Je compare la ville que je vois à celle d'avant.

Les hommes de couleur ne portent pas l'uniforme blanc des marins américains, mais ils se tiennent devant leurs marchandises étalées par terre sur un drap.

Je n'entends pas les voix qui s'appelaient d'un balcon à l'autre. Je retrouve le libraire Raimondo qui m'avait trouvé le texte de Salvatore Di Giacomo sur la vie de Vincenzo Gemito.

Il me servait de guide dans mes visites des collections privées. C'était un admirateur du sculpteur et il était sensible à l'attention d'un étudiant du Nord venu partager sa préférence.

Il a toujours la même librairie, petite, avec la grande enseigne Dante&Descartes. Quelle idée de rapprocher ces deux noms illustres ?

« Dante explore l'au-delà du terme de la vie, Descartes l'en-deçà. »

Comme autrefois, il donne des réponses brèves, habituées aux questions des clients. Je le retrouve à sa place toujours aussi rapide avec les titres demandés, pêchant par cœur dans un immense catalogue mental. Sa voix est restée aussi sur le demi-ton de la politesse.

Il se souvient de moi : grande vertu des princes, entraînés depuis l'enfance à reconnaître la physionomie de leurs sujets, qui sont récompensés par l'importance que leur souverain donne à chacun. Sa Majesté me connaît :

les royaumes se sont maintenus ainsi, comme les clients.

À l'heure du déjeuner, il m'accompagne sur l'esplanade devant le palais royal. Nous revenons sur le lieu de ma première visite, la statue de Charles Quint, un des huit rois sculptés sur la façade. Le dernier est Victor-Emmanuel II, ajouté plus par nécessité que pour sa résidence effective. Un squatter à Naples, me fait remarquer mon frère jumeau dans ma tête.

Charles Quint fut exécuté en marbre par un sculpteur à partir de l'original en plâtre réalisé par Gemito. Le résultat de la copie déplut à l'auteur au point qu'il l'agressa physiquement.

Nous nous promenons devant les sept autres statues plastronnantes, en commençant par Roger le Normand. Charles Quint fagoté dans son armure se détache par ses boucles en désordre et l'expression concentrée de celui qui s'imprègne de l'horizon du haut d'une falaise. Il serait mieux face à la mer que sur la lourde colonnade en demi-cercle qui met la place devant une parenthèse.

J'explique au libraire le but de ma visite aux nus antiques. Il est au courant de mes traversées, il me demande s'il est vrai que je les fais gratuitement. J'explique encore une fois la différence, j'empochais puis je rendais. Il approuve cette nuance, il dit qu'elle est cartésienne. C'est sa façon de me taquiner, rapide et à voix basse. Je lui dis que les traversées des rues de Naples sont plus dangereuses.

Son fils a suivi ses traces en ouvrant une librairie du même nom piazza del Gesù. Une véritable filiale, lui dis-je, il sourit pour me faire plaisir, la boutade ne doit pas être neuve pour lui.

Nous parlons de Gemito, de ses personnages d'enfants. La gravité est toute dans le sourire forcé, commercial, du petit vendeur d'eau sulfureuse.

La nudité du corps est la chasteté de la misère. Ce sont sans doute les pédophiles qui la comprennent mal, les étrangers de l'époque venus se payer cet abus. Pour nous, l'enfance des sujets de Gemito, soumise à un travail, est un acte d'accusation. Les corps amincis par la faim sont des apprentis de survie.

Nous retrouvons intactes nos remarques d'autrefois, définitives.

Je le raccompagne à la librairie. Auparavant, nous réglons le problème du déjeuner avec deux chaussons napolitains à la pâte brisée pour lui, feuilletée pour moi.

J'arrive au Musée archéologique, isolé dans un cercle de moteurs allumés. Dans l'entrée, leur vacarme cesse.

Me voici dans un lieu sacré, un sacré disparu. Les statues des divinités se sont désengagées du culte et du commerce avec l'espèce humaine. Il est resté une grandeur qui ne dépend pas de la fumée des autels. Elles ne sont pas en exil, elles sont réunies en assemblée à l'intérieur du musée, par opposition au dieu exclusif et unique du monothéisme. Plus anciennes que sa révélation, elles conservent un sentiment de supériorité envers l'ultime divinité arrivée, qui leur fit le tort de les ignorer. Elles n'éprouvent aucun ressentiment. Elles ont été honorées par des poètes, des philosophes, des dramaturges, des mosaïstes et des sculpteurs. Elles ont parlé les langues savantes, le grec et le latin, en habitant les entrailles des volcans, les sommets enneigés, les fonds marins. Elles ont habité le monde, pas le ciel.

Avec mon sac à dos et ma canne qui m'aide à marcher les jambes écartées, j'avance dans les salons tièdes et déserts. Dans l'un d'eux, est planté un Hercule démesuré appuyé sur une énorme massue. Il est nu comme les autres personnages. Je calcule à vue d'œil la proportion entre la masse corporelle et la nature : la centième partie. Plantée au centre, elle est comme un feu à un croisement. Le visiteur masculin évalue et compare.

Dans une salle, je découvre le buste d'Épicure. Je m'arrête, mes pas butant sur mes pensées. Avec mon sac à dos et ma canne, je dois avoir l'air d'un pèlerin arrivé à destination. Un gardien s'approche, il me demande si je suis un admirateur. Il ajoute aussitôt que lui en est un. Épicure est son préféré.

Il a environ quarante ans, des cheveux retombant sur son front, coupés comme ceux de la statue. Dans les environs du musée, un coiffeur s'est spécialisé dans les coupes philosophiques.

« Il vous fait la barbe et les cheveux à l'Épicure, à la Socrate, les frisettes à la Cicéron. Allez-y de ma part, il vous fera un prix. »

Au pied levé, devant Épicure, il me raconte sa vie. Il a fait ses études au lycée classique, puis il s'est engagé comme volontaire dans l'armée, il a été envoyé en Irak. Puis il a démissionné, il s'est marié et il a obtenu ce poste de gardien. Sa passion, ce sont les échecs, mais en solitaire. Il invente des problèmes, des fins de partie. La difficulté est de construire une seule solution.

Il a appris à jouer en Irak en regardant deux vieux chauffeurs de camion du pays qui travaillaient pour l'armée italienne. Ils faisaient des coups rapides, presque sans réfléchir. Ils précédaient les convois militaires, ils vivaient avec eux. Ils jouaient aux échecs à chaque pause. Ils sont morts sur une mine.

Lui, il joue chez lui, au milieu du boucan de ses quatre enfants. Lui dit *ammuina**. Ce tapage lui est nécessaire pour se concentrer. Le silence le distrait. Des heures passent sans que personne n'entre dans les salles du musée. Le bruit de ma canne lui a fait plaisir. À l'occasion, il échange deux mots avec un visiteur. Deux mots : il me fait penser à un torrent de montagne.

Il me pose des questions, de la part d'Épicure, dit-il. Car les philosophes interrogent continuellement les passants, comme le font les enfants. Je réponds que j'étudie les nus antiques.

« Ils sont différents de ceux qui ont suivi ? »

C'est ce que j'étudie, je l'ignore.

À l'heure de la fermeture, il m'accompagne jusqu'à la sortie. Il m'invite chez lui. Il ne me connaît même pas. « Les amis d'Épicure sont mes amis. »

Je le remercie, je dois chercher à me loger. Nous nous reverrons au musée.

* En napolitain : pagaille.

Et voilà le montagnard perdu dans la grande ville. C'est ainsi que je devrais me sentir, mais non, je me trouve bien. C'est sans doute à cause du contact physique, les gestes rapprochent même s'ils ne touchent pas, ils font un bon vent. Chacun va à son rythme, on n'a pas l'impression d'être dans un mouvement uniforme. Ceux qui sont pressés ne peuvent pas l'être ici. On a le temps de se regarder en face. Je deviens un spectateur de visages. Mon pas lent avec ma canne est bien accueilli, je croise des sourires d'encouragement.

J'ai bien fait de venir, j'ai l'impression que la gêne se porte mieux. Je trouve une pension, je prends une chambre. Je mange une pizza aux anchois et je rentre. La pension est dans une ruelle fréquentée, le bar reste ouvert la nuit.

Depuis ma fenêtre, je vois le mouvement, la pension loue aussi à l'heure. Les clients sont des hommes, pour moitié habillés en femme. Ils parlent peu, à voix basse, mais ils se déplacent lourdement. Les lits grincent. Leur bruit dans mon oreille se transforme en un vacarme de cigales et je m'endors.

Le matin, il pleut. Je reconnais la pierre noire du sol, l'eau l'éclaire et la nettoie. Elle est restée telle qu'elle était dans mon souvenir. Au bar, je bois un café serré qui est réduit à une gorgée.

J'en demande un autre, on ne me le fait pas payer.

« Le deuxième, c'est la maison qui l'offre. »

À tout le monde ? Non, seulement à qui bon leur semble. Pouvoir de ma canne, je lui dois mon deuxième café. Même Moïse ne parvenait pas à faire jaillir du café du rocher avec la sienne. Je demande s'ils restent ouverts toute la nuit.

« On se remplace, on ne ferme jamais, l'avantage d'une famille nombreuse. La nuit, on travaille mieux que le jour. La clientèle est calme, elle boit un petit verre, elle dépense volontiers. Nous servons aussi dans les chambres, on apporte tout ce que vous demandez. Si vous voulez une pizza, un journal, de la compagnie, on s'en occupe. Vous précisez l'article et on vous livre aussitôt. »

Je remercie et je me dirige vers la colline de San Martino. J'arrive au fort de Sant'Elmo, qui est une forteresse de tuf.

Tommaso Campanella, le philosophe le plus incarcéré d'Italie, y a été emprisonné. Il a feint d'être fou pour éviter la condamnation à mort. On l'a torturé pendant des jours pour qu'il avoue son manège sous le traitement. Il a eu la force de résister et même de chanter à gorge déployée. On a fini par abandonner, le laissant à moitié mort. Il arrive que les simulations dépassent l'original. Charlie Chaplin a participé au concours des imitateurs de Charlot et il est arrivé troisième.

Depuis les remparts du fort, la ville est une coulée de lave de maisons qui ne s'arrêtent que face à la mer. À l'est, le Vésuve porte un collier de neige, c'est une sculpture en forme d'autel à l'état brut. La bouche des cratères a l'arrondi des fours. Sur leurs aquarelles, les peintres l'ont représenté déversant ses flammes. J'en achète une à peine plus grande qu'une carte postale. On y voit un écoulement de lave nocturne, une hémorragie qui se reflète sur la mer.

Raimondo associe le sentiment religieux de la ville aux éruptions. « La miraculeuse liquéfaction du sang de la relique de saint Janvier reproduit sous verre la fusion volcanique. Le saint est l'exorciste du Vésuve, sa statue est portée en procession contre l'avancée du feu. À Naples, le sentiment religieux ne vient pas du haut des cieux, mais des entrailles de la terre. »

Voilà un peuple qui, au lieu de fuir du côté opposé, avance vers l'éruption derrière le paravent d'une statue. La foi pousse aux risques les plus fous.

J'avance à pas lents le nez pointé vers le bas. Je sais marcher sur des terrains difficiles, mais ici je sens que je foule les braises à peine éteintes d'un incendie.

Du haut du fort, je comprends le renouvellement des couches successives, une croûte sur l'autre. En l'appelant Naples, ville nouvelle, les Grecs l'ont destinée à se renouveler, d'une éruption à l'autre, d'un tremblement de terre à l'autre.

Je descends la colline, j'entre dans le sous-sol en suivant une visite guidée de la ville souterraine. Des jeunes du quartier Sanità ont organisé cette activité. Ils étaient dans la rue et maintenant ils sont dessous. Je passe à travers des vides vastes comme des cathédrales, des carrières d'où le tuf était extrait depuis le premier âge, quand il était encore tiède. La ville est double. Vue d'en dessous, celle de la surface repose sur l'air. En vagabondant ainsi, la journée s'est envolée.

Je reviens à l'air libre qui est noir, la densité de la foule étourdit après la descente souterraine. Mon estomac vide est réveillé par les vapeurs d'une friterie. Je m'assieds et je me brûle la langue avec une pizza frite fourrée à la ricotta. J'essaie de trouver une paire de lunettes dans une pharmacie. Celles qui me vont font ressortir les angles vifs des choses qui m'entourent, sans nuances. C'est comme une gifle et je les ôte de mon nez. Je les achète.

La ville me fait oublier ma circoncision. Je pourrais déjà me passer de la canne, je préfère la garder. Il me semble que les passants m'acceptent mieux avec elle. Elle me rend inoffensif et donc respectable. Il fait nuit quand je rentre à la pension. Le bar est plein de clients. Au comptoir, les hommes offrent à boire aux dames, puis on leur donne la clé d'une chambre. Je monte l'escalier avec un couple que je laisse passer. Je me mets à la fenêtre et je remets mes lunettes. Le contrecoup des détails trop nets me force à les retirer.

L'effet cigale des lits des chambres voisines est plus fort cette fois-ci.

Je m'endors et je suis réveillé par une dispute, des coups, des cris, des gens qui interviennent. Il y a un blessé, une ambulance arrive. On frappe à ma porte. Un policier me demande mes papiers. Ils n'ont trouvé personne dans les chambres. Je lui dis que je suis un client pour plusieurs jours, pas pour quelques heures. Ça ne l'intéresse pas. Il veut savoir ce que j'ai vu. Rien, seulement entendu, je dormais. Avec qui ? Tout seul. Il ne me croit pas. Qu'est-ce que je fais ici ? En vacances. Comment je suis arrivé à la pension : je cherchais un logement bon marché. Je n'ai pas vu quel genre d'endroit c'était ? Oui, mais ça ne me dérangeait pas jusqu'au vacarme de tout à l'heure. Je lui parle des bruits, pas de coups de feu. Il écrit et s'en va enfin.

Le lendemain, je refais mon sac à dos, la pension ferme sur ordre de la police.

Je retourne au musée. Cette fois-ci, je le parcours sans m'arrêter devant les statues. Je passe entre elles, concentré sur une pensée : la différence entre ces nus et le crucifix. Elle doit exister, je ne la distingue pas encore.

Je croise le gardien, il me salue gravement, il ne s'approche pas. C'est sans doute parce que je ne m'arrête pas devant Épicure.

L'éruption a recouvert Herculanum de lave, et Pompéi, plus loin, de cendres. Puis la résurrection des fouilles a libéré les statues de leurs couvercles, en les dispersant dans les couloirs et les salles. Elles ont passé plus de temps sous terre qu'au-dessus, elles sont encore un peu perdues.

Je sors du musée avec une idée de leur nudité. Elle voulait suggérer aux corps vivants un modèle à atteindre. Les regarder tous les jours portait les fibres musculaires à l'imitation. La nudité des statues était un objectif pour le miroir de chacun.

Les mannequins des vitrines, utilisés comme portemanteaux pour les vêtements à vendre, ne parviennent pas au même résultat.

Ma visite à Naples se termine. Au soleil, la ville est plus physique, redoublée par les ombres qui se frottent aux corps des autres, se frôlent, se touchent, s'accouplent. Même l'air dense participe à l'échange.

Je marche lentement en direction des trains, pour prendre le premier qui va au nord. Sur le trottoir de la place, un garçon est assis avec un livre. Devant lui sont posés un bol et un écriteau : « Merci de me permettre de continuer à lire. » Sous le coup de l'admiration, je vide la monnaie de mes poches.

La gêne a disparu, il reste le pansement. Dans le train, je m'endors. La ville se referme derrière mes paupières avec le cri d'un vendeur de pizzas chaudes sur le quai.

La salle du crucifix est glaciale, le marbre est comme de la neige. Je le regarde et je ne sais que faire. Il est prêt, mais je dois trouver et travailler le bloc de la nature.

Je vais voir dans les carrières. La majeure partie du marbre extrait est vendue concassée pour le papier couché des journaux. Son éternité finit au pilon des périodiques périmés. C'est comme transformer un olivier millénaire en papier hygiénique.

L'ouvrier algérien m'explique qu'on extrait seulement des débris de marbre pour les fabriques de papier. Les déchets versés dans le torrent se mélangent à l'eau et la blanchissent.

Il sort un petit bloc d'albâtre d'un bout de tissu, prélevé dans une carrière utilisée uniquement pour les sculptures. Il a des veines de moutarde, c'est du travertin d'Acquasanta, pour être précis. Il ne veut pas être payé. L'usage est sacré et sa religion prescrit les offrandes.

Il existe une économie de la gratuité, quelque chose en échange de rien, mais comme symbole de beaucoup. J'accepte, c'est un bloc rare.

Je lui demande ce que veut dire vivre en musulman.

« Adorer Dieu comme si on devait mourir demain, travailler comme si on ne devait jamais mourir. » Dommage qu'il soit impossible de boire ensemble un verre de vin en l'honneur de ces paroles.

Il me dit que je suis tenu de faire un chef-d'œuvre. Comment le puis-je, je ne suis ni brillant ni génial.

« Qui crois-tu être si tu n'es ni brillant ni génial ? Nous sommes les enfants de la divinité. Jouer le rôle des incapables ne rend pas justice à notre créateur. Ce n'est pas bien de nous rabaisser, pour ne pas déranger ceux qui nous entourent. Nous sommes conçus pour briller comme le font les enfants. Nous devons afficher avec gratitude les dons reçus. Quand tu es brillant et génial, tu encourages les autres à l'être eux aussi. »

Et toi, tu es un ouvrier ? Toi, tu es un prédicateur.

« Je suis un ouvrier et je lis le Coran. »

Je reste sans paroles. Je pense à la femme, repoussée par mon inertie, qui me voulait ainsi. Elle aurait applaudi si elle avait été à table.

« Le bloc de marbre que je t'offre, je ne l'ai pas pris dans les déchets. Je l'ai extrait du centre de la coupe. Tu dois faire ton chef-d'œuvre. »

Des familles transies de froid arrivent au port, parties pêle-mêle de plages et non de ports, de tentes et non de maisons. On les installe dans des centres de stockage, le temps pour elles de comprendre dans quel endroit du monde et de leur voyage elles se sont fourrées.

Les hommes savent se tourner les pouces et étendre les jours comme du linge à sécher. Les femmes non, elles n'arrivent pas à couver l'attente, accroupies par terre. Les enfants courent vers n'importe quel passage, sans crainte des ogres. J'en rencontre un, dix ans peut-être, il ne me dit qu'un seul mot :

« Düsseldorf. »

Je lui fais signe d'attendre là. Je vais acheter une carte de géographie. Je reviens et il n'y est plus. Je comprends mon erreur dans un sursaut de honte. Il n'avait pas besoin qu'on le renseigne, mais qu'on l'emmène. Ma réaction à retardement me désole. J'ai promis d'être brillant et génial : à la première occasion, je retombe dans mon inertie. Je devais l'accompagner à Düsseldorf.

Lui est arrivé jusqu'ici, je devais ajouter la dernière partie. Je le cherche à la gare, il n'y est pas. On a dû le rattraper et le remettre dans un des centres de stockage.

On les appelle des mineurs, on les traite comme des objets trouvés. C'est moi qui suis mineur devant un mètre trente d'homme qui ne m'a pas laissé le temps de me raviser.

Ils prennent un repas, glissent un bout de pain et de fromage dans leur poche et ils filent. C'est de l'eau courante, on ne peut pas l'arrêter. S'il y a un saut à faire, ils se précipitent en cascade, s'il y a un mur ils ont des pattes de grillon.

Düsseldorf, pourquoi n'ai-je pas obéi à l'ordre de voyage ?

Je croise un homme qui regarde autour de lui. Il est à peu près de mon âge, il porte un manteau qui lui arrive aux pieds. Je lui demande où il veut aller. À la gare, dit-il. Je l'accompagne et je lui demande sa destination.

La gare. Et après ? Après il revient au campement. C'est un Tzigane, arrivé avec sa famille hier, il doit envoyer un mandat au bureau de poste.

Pas de Düsseldorf, j'ai raté ce train-là.

Je rentre chez moi. J'ai encore deux heures pour faire du bruit avec mes outils, puis je dois m'arrêter pour ne pas déranger mes voisins. Après les premiers coups de ciseau sur le bloc, j'entends la musique d'un accordéon. Quelqu'un s'exerce dans les environs. Je cesse de taper, la musique m'en empêche. Si je continue, le coup de marteau arrivera sur ma main.

J'ouvre la carte de géographie, je cherche Düsseldorf. Un musulman de dix ans, avec en poche l'adresse d'un parent ou d'une mosquée, ou même rien, a dû entendre prononcer un nom par quelqu'un, l'a appris et le répète de bas en haut devant un ahuri.

De Amicis m'attendrit avec son voyage des Apennins aux Andes. Je pleure au cinéma, sur un livre aussi, et pas devant celui qui me dit Düsseldorf. Qu'a de moins puissant la réalité par rapport à la fiction ? Je ne me comprends pas. Je suis une personne concrète, je connais les histoires des gens et je pleure aux mauvais endroits. Un enfant devenu très vite un homme en un voyage, avec trois syllabes à la bouche et deux yeux droits et noirs, m'a cloué net.

Je reste vidé devant la carte.

J'ai accompagné beaucoup d'enfants, certains dans les bras de leurs pères, agrippés à leurs vestes. J'en ai porté un sur mes épaules. Il avait de la fièvre, il m'a fait pipi dans le cou. Il ne s'en est pas aperçu, il dormait.

Il faisait chaud et la sueur s'y est ajoutée.

Mineurs, si j'avais été une seule fois aussi grand qu'ils sont mineurs, eux. Je ne suis pas un père. Sans cette expérience, je vois aux pieds des enfants en voyage les souliers des prophètes. Leurs pas annoncent le présent parmi les ogres, les uniformes, les abrutis.

Je referme la carte, j'enveloppe le bloc de marbre dans un bout de tissu, je le glisse dans ma musette. Je décide de l'emporter avec moi, pour qu'il fasse partie intégrante de mon poids.

Dans la salle, je mets le morceau près du blanc de la statue. C'est une autre matière, d'une couleur différente. L'ajout sera évident. Mais le cadeau du bloc n'admet pas d'objections, c'est forcément celui-ci. Même si c'est invraisemblable. Ce travail l'est aussi, comme mon hiver dans une ville de mer, ma rencontre avec la miséricorde pour une statue.

Je suis un homme qui ne sait pas poser de

questions, même pour une information. C'est sans doute pour ça que j'ignore la foi. La divinité veut qu'on frappe à sa porte, qu'on l'interroge. Il faut une catapulte à l'intérieur de soi pour arriver à cette intimité de s'adresser avec le tu.

En quelques mois, j'ai fréquenté un curé, un ouvrier musulman, un rabbin. Aucun contact avant, et puis les trois à la fois. Ils m'ont permis de me mettre à leurs balcons, où j'ai éprouvé des vertiges qui me sont inconnus lorsque j'escalade des précipices. De leurs balcons, j'ai regardé en bas : la divinité ne se trouve pas dans les atmosphères célestes, pauvres en oxygène. Elle se trouve en dessous, comme fondement du vide et du balcon.

Les paroles de leurs écritures sont des prises pour aller et revenir de l'abîme.

Ces pensées me viennent pendant que je me promène avec le travertin dans ma musette. Ce sont des pensées liées à son poids.

Dans les jardins, la floraison des mimosas explose. Leur jaune claque face au gris des nuages et brille plus qu'en plein soleil. Il déconcerte le nez qui sent aussi une odeur de vanille. En montagne, pendant l'orage, l'air grésille de rouille et le sol se prépare au choc de la foudre. La terre est un organisme vivant, c'est toute la foi qu'il m'est possible.

Je retourne dans mon logement, je retire le pansement, je lave, j'évite de regarder. Je vais montrer le petit bloc de marbre au curé. Il a peur que sa couleur différente le rende trop voyant.

Je défends mon choix. De toute façon, le crucifié nu sera voyant, les regards concentrés sur cet endroit-là. La couleur de peau de la nature n'est souvent pas la même que celle du reste du corps.

« J'ai besoin de te croire. Cette œuvre doit être finie et prête pour inaugurer le nouveau cours de l'église à l'image du crucifix. Je crois à la valeur sacrée de cette œuvre. Je crois que tu es la bonne personne pour le résultat final. L'aide de la foi m'a exercé à saisir les signes de la providence. »

Il voit mon air incrédule à l'idée de pouvoir être impliqué dans un dessein. Je m'en retirerais pour ne pas le gâcher.

« Il existe un plan dans l'enchevêtrement des nœuds d'un tapis. »

Les nœuds : je sais les faire. Je les connais. Je pense à un en particulier, je retrouve un peu d'assurance.

« La science étudie les événements et les subdivise entre hasard et nécessité. La providence les contient, les deux font partie de ses manifestations. Elle apparaît sous des formes casuelles, mais ceux qui pratiquent la foi reconnaissent l'intention, la trace d'un projet. Toi, tu es un instrument de la providence dans cette entreprise. »

Je préfère ne pas le savoir. Je connais les outils, les instruments. Ils ont un manche et ils agissent grâce à une énergie extérieure. Je me sens au contraire sans obligation et imprévisible envers moi-même.
« Il vaut mieux qu'un artisan ne sente pas qu'il exécute une volonté différente de la sienne. Il vaut même mieux qu'il lui reste un doute sur la source de son inspiration. Il lui arrive souvent de se sentir possédé. »
Je lui parle de Naples, du musée. C'est là que m'est venue l'idée que la nature devait être d'une pierre différente. Le blanc uniforme de ces corps nus faisait de la nature exposée une partie quelconque de l'anatomie. Et ce n'est pas ça. C'est une partie différente parce que protégée. Les civilisations l'ont couverte non par pudeur, mais pour la défendre de chocs, d'agressions, de risques. C'est la plus vulnérable. La nudité du crucifié suscite la vieille pitié pour la nature sans défense. Ses mains ne peuvent pas la couvrir, ses jambes ne peuvent l'accueillir entre elles. La torture de

la position crucifiée culmine dans cette partie dénudée.

Je prononce des mots jamais pensés jusque-là. Ce ne sont pas les statues du musée qui m'ont donné l'idée d'un marbre d'une autre couleur. Elle m'est venue à l'instant où je l'exprimais. J'ai inventé son origine pour donner le poids de la réflexion à une pensée jaillie sur le moment.

Le curé trouve intéressante mon explication improvisée. Il regarde le bloc brut, le place en hauteur pour le revoir sous une autre lumière. Nous décidons d'aller dîner au port pour terminer cette conversation. Devant une soupe de poissons, il me demande de lui parler de Naples qu'il ne connaît pas.

C'est une ville de corps qui bougent au rythme d'une danse. La densité de ses habitants est si forte qu'ils ont appris un rythme pour se déplacer. Quand on les voit, on comprend qu'ils suivent une onde sonore, un mécanisme musical qui se déclenche au contact du trottoir.

J'invente pour lui une impression qui m'est venue en remuant ma cuillère dans ma soupe. J'applique à la ville ce qui se passe dans mon assiette. Naples se prête à devenir casserole et marmite. Je la lui décris ainsi à lui qui n'y est pas allé, mais qui connaît sûrement des histoires et des légendes.

Ils parlent une langue serrée comme leur café, des syllabes de sténographie. S'ils doivent s'appeler très fort, ils se servent alors d'une mélodie traînante. Les noms sont prononcés intégralement, avec des voyelles allongées : Fran-ci-schiel-lo-ooo !

Il vaut mieux y aller en hiver, la ville est plus franche. Ils ne savent pas feindre avec le froid dans les os. Le curé écoute et boit un bon demi-litre de rouge, moi un quart me suffit. La soupe est composée de poissons variés, nos doigts retirent de nos bouches un buisson d'épines. Il y en a une qui lui reste en travers. Je lui dis d'avaler tout de suite de la mie de pain pour la faire descendre. Il y parvient secoué par les convulsions d'une quinte de toux. Il me remercie.

Ma grand-mère disait qu'à table on se bat contre la mort. L'exagération servait à calculer ses bouchées, à bien les mâcher avant de les glisser dans la gorge. Il approuve et avale un demi-verre de vin pour étrenner de nouveau le passage. En entendant parler de Naples, il s'étranglait. C'est une ville dangereuse. Il faut marcher avec la même attention que lorsqu'on mange une soupe de poissons.

« Comme je te l'ai dit, cela fait un an que je cherche le sculpteur pour la restauration du crucifix. Un an que je rencontre les artistes les plus divers, célèbres ou non, vieux et jeunes. Ils ont en commun une certaine vanité, le rang qu'ils croient posséder. Je n'en ai pas rencontré un seul effrayé ou ému devant cette tâche. Leur unique préoccupation concernait la place de cette commande dans leur carrière. Ils pensaient d'abord au texte de présentation du travail, au risque de s'exposer à l'obscénité et donc au ridicule. Ce qui va parfois de pair. Leur inquiétude les concernait eux et non pas l'œuvre à exécuter.

« Le dernier m'a demandé de faire figurer sur le contrat un pourcentage en cas de vente de la statue. Il demandait un pour cent, évaluant ainsi la portion ajoutée. J'avais déjà écrit une lettre à l'évêque pour me décharger de cette tâche. Et tu es arrivé, toi qui ne veux même pas le titre d'artiste. Tu t'es approché de la statue comme d'une personne malade. En bon médecin, tu as demandé de ne pas signer la guérison. Que penses-tu de mon point de vue sur cette histoire ? »

Je reste sans réponse. Je lève mon verre pour me fermer la bouche, il prend mon geste pour un toast.

« À ta nature exposée. »

Je réponds : À la sienne.

À la table voisine, cinq vieux jouaient à *bris-*

cola chiamata. J'explique au curé les quarante cartes et les quatre couleurs du jeu italien. Pour lui, ce sont des jeux de hasard. Et le nôtre, c'est de montrer un crucifix nu ? Nous nous quittons de bonne humeur.

Je serre le bloc entre deux mâchoires de bois pour amortir les coups de ciseau et éviter les vibrations qui pourraient l'abîmer. Je tape pendant des heures, des coups de pendule détraquée. Je suis concentré sur les centimètres devant mon nez, comme lorsque j'escalade.

Je suis les veines. Je sculpte le morceau à l'envers, la pointe en bas. À la fin de la séance, je polis, même si c'est inutile puisque je dois encore enlever. C'est pour me rapprocher du résultat.

Je travaille sous une couverture en laine pour atténuer le bruit. Coups et respiration, coups et respiration, et rien d'autre, pendant que de petits éclats se répandent entre mes pieds.

Je m'interromps quand mes mains endolories risquent de se tromper. Je les dégourdis, je sors de la couverture pour quatre pas dans la pièce. Je retourne sous la couverture et je continue tant qu'il y a de la lumière dehors.

La fin de l'hiver étire les minutes de la journée. Le soir, mes mains sont enflées.

« Les veines sur le dos de tes mains ressemblent à deux fleuves parallèles, un Tigre et un Euphrate qui vont vers la mer. »

C'est-à-dire vers toi, dis-je. Elle est revenue de sa visite aux baleines. Sa peau a foncé, ses cheveux ont éclairci. Elle les a coupés, ils lui couvrent à peine le cou. Je ne pose pas la question stupide : tu les as coupés ? Dans une comédie vue à Naples au bon moment, un homme se faisait la barbe devant son miroir. Un ami entre et lui demande : « Vous vous faites la barbe ? » Non, je me coupe les cors aux pieds.

La réponse a éliminé pour moi les questions évidentes, et je ne la lui pose donc pas. J'ai tort. Une femme exige qu'on remarque un changement de coiffure, une nouvelle robe. Elle me reproche ma distraction.

Elle, en revanche, remarque mes mains enflées, les deux veines en relief sur le dessus. Elle raconte son voyage, qu'elle a imaginé ma présence. Les impressions des clients se ressemblent, elle aurait écouté mes variantes. Elle dit que je suis un inventeur de variantes.

Elle me demande si je veux voir des images du voyage. Je regrette d'être impoli, mais je dis non. Cette fois-ci, elle ne se vexe pas, elle s'y attendait.

Devant une image, je sens le manque de ce qui est resté hors du périmètre cadré. L'image dresse des bords comme une frontière et moi j'ai envie de les dépasser.

Nous sommes assis à une table dans un bar, nous voyons la mer agitée et les nuages chargés par le vent. Elle prend un thé, moi un cappuccino.

« Les hommes qui boivent du lait sont restés des enfants. »

Je suis d'accord, le lait me ramène à mon enfance deux minutes par jour. Je le prends entier. À la montagne, je me procure du lait tiède, qu'on vient de traire. Il bout en laissant monter deux doigts de crème. Il sent l'étable. Le lait chaud suscite en moi un bonheur immédiat. On devrait l'offrir sur l'autel à la place du vin. S'il avait dit au cours de son dernier dîner que son sang était du lait, il n'y aurait pas eu d'ivresse en son nom. Ce vin-là a tourné la tête à plusieurs fanatiques.

Je dis des phrases venues à l'improviste. Je les dis pour voir si elles tiennent à l'air libre et pas seulement dans mon crâne. Elle n'est pas croyante. Moins que ça même : elle est indifférente. Pour elle, les religions sont la réponse au besoin de se sentir poussé par une cause importante. Pour elle, la seule cause dont nous sommes les effets, c'est la vie, rien d'autre. Elle cite de mémoire la phrase d'une écrivaine :

« La chance du trèfle à quatre feuilles commence et finit avec le fait de l'avoir trouvé, et rien d'autre. La religion c'est l'idée qu'un trèfle à quatre feuilles signifie plus que le hasard de l'avoir rencontré dans la masse des autres. La mort est un trèfle à quatre feuilles, tôt ou tard on la trouve et il n'y a rien d'autre », dit-elle sérieusement en conclusion d'un sujet qui l'ennuie.

Nous nous saluons après avoir laissé un peu d'espace à sa dernière phrase. Elle ne m'invite pas chez elle, nous nous séparons sans nous dire au revoir.

Je ne lui ai pas montré le petit bloc dans ma musette. J'aime sentir son poids, y penser constamment. Je m'y attache. C'est ce qui arrive parfois avec un livre. Je l'emporte avec moi, même dans les traversées, ne pouvant l'ouvrir que rarement à l'aller, un peu plus au retour. C'est une fenêtre dans ma poche, pour changer l'air.

Le dernier que j'ai lu était un livre de Balzac, un petit traité sur l'art de payer ses dettes. L'écrivain explique que l'art consiste à ne pas les payer du tout. Il s'est inspiré d'un oncle dépensier et arnaqueur. Sur moi, il produit exactement l'effet inverse, il me pousse à rechercher mes dettes dans mes souvenirs. Ce sont des dettes de reconnaissance, insolvables, qui vont de mes parents au cadeau de l'ouvrier algérien.

Pour la femme qui voulait faire de moi un artiste, je n'arrive pas à imaginer de dédommagement pour le temps qu'elle a perdu.

Les thèmes de mes lectures se prolongent en écho dans mon couloir de statues. Je me promène la nuit sur la départementale qui longe la mer. Mes pas me portent hors des lumières de la route, là où je retrouve le ciel qu'on voit en montagne.

Le royaume des cieux, écrivent les Évangiles qui en connaissent le roi. Moi qui suis incompétent, je vois en revanche l'anarchie, qui n'est pas du désordre, mais le gouvernement indépendant de chaque lumière. Des masses, des météorites, des comètes tournent comme des catapultes en frôlant des satellites, des planètes. Elles se désagrègent de temps en temps dans l'atmosphère, en renouvelant par leur chute les semailles de l'univers.

On dit que c'est ainsi qu'est née la Lune, un bout de terre projeté par un choc énorme. Pour avoir dit que la Lune était faite de terre, un philosophe grec écopa de la peine de mort à Athènes. Certaines phrases doivent être dites au bon moment. Il vaut mieux ne pas faire savoir qu'entre-temps la Lune s'éloigne lentement.

Moi aussi, je m'éloigne dans mon chemin nocturne avec des pensées qui vont le nez en l'air.

Je rentre et je dors profondément. Je suis réveillé par le rideau métallique de la poissonnerie qui se lève. Je bois mon café versé dans un bol de lait, je mange une tranche de pain avec de la confiture. Je débarrasse, je fais la vaisselle, je me lave les dents qui me restent, j'aiguise mes ciseaux sur la meule à eau.

Je tape sous la tente faite de la couverture près de la fenêtre. Je vérifie le résultat avec mes doigts. Ma nature circoncise est juste à quelques centimètres de celle que je suis en train de sculpter. Je la fais à sa ressemblance.

Tout en frappant, j'ai l'impression d'enlever de la matière d'une enveloppe en pierre autour de ma chair. Je sculpte pour retirer un emballage. Sous la croûte de marbre, il y a ma forme. Ces pensées m'aident à ne pas rater mon coup.

Je m'arrête pour polir et égaliser la surface provisoire. Les heures passent sous la tente, je ne m'en aperçois pas. Je deviens ce que je suis en train de faire. Voilà que je suis deux mains qui empoignent des outils anciens et font ce qu'elles connaissent le mieux.

J'écris ce qui m'arrive cet hiver. Quand j'écris, je parviens même à comprendre quelque chose. Je le comprends au moment où j'écris, pas au moment précédent. Le temps s'écoule sans horaire, comme un moine qui recopie un manuscrit.

Je termine la forme de la nature au bout de je ne sais combien de jours. Je mange des boîtes de conserve, je ne sors pas. Je suis l'artisan le plus lent de l'histoire. Si j'étais dans l'atelier d'un maître et que je passais autant de temps sur un travail, il me jetterait dehors à coups de pied.

Fin mars, je reviens à la taverne du port, le bloc enveloppé dans ma musette. Ils sont tous à la même place.

Je salue l'ouvrier algérien, je lui dis que j'ai fini. Il me demande si j'ai sculpté le trou de sortie. Il me demande ce que ça a donné. C'est un petit trou de sortie.

« C'est une pupille fermée, pas un robinet. Une pupille qui a l'honneur de produire la semence de la vie. C'est ce que dit un de nos commentaires. » Il me salue, il a fini de dîner.

Une pupille fermée, je le remercie de l'idée. Je voulais lui montrer le bloc terminé, j'y renonce. Je m'assieds à ma place, la patronne m'apporte le plat du jour, de la morue avec des pommes de terre. Elle me dit que la femme est passée deux fois. Elle lui a demandé de la prévenir de mon retour.

« Il faut que je l'appelle ? » Je suis sur le point de dire oui, mais c'est un non qui me vient. C'est ce qui se passe pour celui qui a un jumeau en lui. Parfois, il arrive le premier à la sortie des lèvres.

Une paupière serrée, c'est ce que je me répète tout en mâchant lentement le poisson fumant. Je vois bien que mes gestes sont au ralenti. J'ai marché lentement dans la rue, entouré de gens qui passaient en accéléré. Les jours de sculpture m'ont isolé, en me mettant à une autre allure.

J'ai pris un livre avec moi, un essai sur Vincenzo Gemito. Je l'ouvre, je lis. Les pages devant mon assiette conservent ma lenteur. Quand je finis, je suis le dernier client, alors je débarrasse mon assiette, mon verre et mes couverts que j'apporte à la cuisine.

Je décide de montrer le bloc au rabbin. Nous nous donnons rendez-vous le lendemain sur le quai des bateaux de pêche. La jetée est vide, ils sont sortis en mer. Nous nous asseyons sur un banc, je lui remets ma musette. Il l'ouvre, voit le résultat. Il s'étonne de la couleur, des veines. Pour lui, c'est une œuvre en soi et non une partie.

Il remarque le trou de sortie, à peine ébauché. Il dit que cet endroit-là n'est pas très maîtrisé. Je lui donne la définition de l'ouvrier musulman.

« C'est aussi comme ça en hébreu. "Œil" et "source" sont un même mot. Le commentaire de notre maître Maimonide explique que l'œil ne subit pas, mais domine ce qu'il voit. C'est une source de larmes et de vie, ce n'est pas une cuvette. »

J'arrive à suivre ses commentaires, mais je m'y perds assez vite. Je dois revenir à la sculpture pour changer le trou de sortie en œil fermé. De l'autre côté de la digue, les mouettes s'agitent dans le sillon d'un chalutier. Elles plongent sur les déchets de la première sélection du poisson. Le bateau entre au port suivi de la traîne blanche des mouettes.

« C'est ce que nous faisons nous aussi quand nous lisons les pages sacrées. Nous suivons lentement, puis nous nous jetons sur un mot pour l'approfondir, sans savoir pourquoi justement celui-là. Nous faisons comme les mouettes, nous allons grappiller dans le sillon. »

Il sourit, signe qu'il est tard maintenant. Je le remercie pour le temps qu'il m'a consacré.

Je reviens dans la salle, j'aiguise la pointe du plus petit des ciseaux. Je creuse plus profondément, j'ajoute de petites rides tout autour.

C'est le printemps, j'ai passé l'hiver avec une

statue. Comme je passe mes outils d'une main à l'autre, je peux dire que j'ai sculpté à deux mains. Nous avons fini, mes mains et moi, la main de mon frère et la mienne. Sa vie balayée continue en moi. Il y a de la place en chacun de nous pour accueillir les absents.

Ce n'est pas un locataire à qui je loue une chambre. C'est le copropriétaire de ma vie. Cet hiver, il a pris la parole.

Je vais dîner pour montrer le résultat à l'ouvrier. Il ne veut pas le voir. Il m'a offert le bloc, il m'a poussé à faire de mon mieux et plus, et il ne veut pas voir.

« Tu es venu me montrer ton travail. Je sais donc que tu as réalisé ton chef-d'œuvre. Je n'ai pas besoin de vérifier. »

Je pense qu'il s'abstient par pudeur.

« J'éprouve de la pudeur pour le corps sacré de la foi chrétienne. Mon regard étranger serait profane. »

Tu n'as pas toujours été ouvrier, lui dis-je.

« Je suis allé à l'école coranique, j'étais le meilleur étudiant. J'ai dû abandonner. L'Afrique répand son sable au-delà de la mer. Tu le vois après la pluie, sur les vitres des voitures. On devient laveur de vitres pour effacer les traces. Je suis un grain qui a été transporté. J'ai trouvé ici un endroit pour retomber. Je travaille le marbre, sa poussière blanche efface mon lieu de départ. Notre prophète dit que le Paradis se trouve sous les pieds de notre mère. Pour moi, cet endroit n'est plus sur terre. Mais je ne suis pas en exil. Je reviens à mon lieu d'origine cinq fois par jour, quand je prie. Il est là où j'étends mon tapis de prière. »

Je regarde ses mains foncées saupoudrées de blanc dans le grillage des rides, autour des ongles. Dans sa barbe, on ne distingue pas la couleur de son âge de celle de la poussière. Ses mains envoient l'argent gagné à sa sœur, dans un village du haut plateau.

Il a entrevu la mer la première fois quand il est monté de nuit sur un chalutier dans un petit port près d'Alger. Une fois à bord, caché au milieu des filets, il ne la voyait même plus. Il a débarqué en Sardaigne et s'est glissé dans un camion qui attendait d'embarquer pour Civitavecchia.

« C'est ici que j'apprends la mer. Je la sens à la fenêtre, elle me tient compagnie, mais elle ne m'appelle pas. Avant la carrière, j'ai travaillé sur un chalutier. La nuit, la mer me donnait la nostalgie de la terre. »

Je ne crois pas connaître les nostalgies, je n'éprouve pas le désir de revenir à un moment du passé. J'ajoute quelque chose de personnel à ses confidences, pour ne pas le laisser seul.

« Je ne connais personne sans nostalgie d'une heure et de quelqu'un. Sur le chalutier, la nuit, j'en avais tellement que les vagues se changeaient en voix. Et je répondais en berbère, la langue de mon enfance. En mer, on est à l'étroit au-dessus d'un désert infini. Ce n'est pas un endroit pour moi, on doit la traverser et c'est tout. »

Nous trempons notre pain dans l'assiette en terre cuite posée entre nous. Nous venons de villages d'un arrière-pays et nous mangeons ensemble un mélange de poissons défaits par la cuisson. Par pudeur, je ne bois pas de vin. Par pudeur, je ne demande pas de quelle tempête de sable vient son voyage.

« J'ai appris chez vous à n'être personne. Je garde les yeux baissés et ainsi je disparais, je les lève et j'apparais à nouveau. Je me tais et je suis accepté, je parle pour demander un renseignement et je suis repoussé. Vous préférez personne. C'est bon, disons que nous n'existons pas les uns pour les autres. Toi non, tu t'assieds, tu parles, tu poses des questions. Tu es quelqu'un et tu me fais aussi devenir quelqu'un. »

Le soir, la mer du port est un bassin de gros bateaux attachés, des animaux de trait qui ruminent leur pause dans le noir, en se balançant et en frottant leurs flotteurs les uns contre les autres.

Nos yeux vont de l'assiette aux vitres qui donnent sur le port. Nous mâchons en trempant notre pain. Nous terminons en sauçant ensemble ce qui reste. Nous mettons nos manteaux et nos bonnets et nous nous saluons.

Je tourne au coin de la rue et je tombe sur la voiture de la femme.

« Monte, je t'accompagne. »

J'ouvre la portière, je m'arrête, je dis non, je préfère marcher. Alors elle sort, ferme la voiture, vient à pied. Elle me demande d'avancer la traversée. D'aller au moins sur place et d'essayer. Nous avançons côte à côte séparés, ma musette du côté opposé.

Elle dit qu'elle veut payer son voyage, que je ne dois pas le faire en dédommagement des soirées passées ensemble. Elles ont eu lieu parce que je lui plaisais. Elle n'a pas insisté pour m'inviter parce qu'elle a senti dans mon corps un vide laissé par une autre femme.

« Tu étreignais un autre corps. Je n'étais que l'imitation. Tu as même dit pardon, sûrement pas à moi. »

Je ne m'en souviens pas. Je continue à ne pas lui demander ce qu'elle cherche. Nous marchons sans but, pas vers mon logement. Je ne veux pas qu'elle sache où j'habite. Je lui dois une réponse. Je lui dis que je vais me renseigner sur l'état de la neige et que je lui ferai savoir demain quand nous pourrons partir. Elle me remercie, me demande si je passe la nuit avec elle. Sa respiration se déplace et se met tout près devant la mienne. Je l'aspire par le nez et je sens un bouillonnement au bas de mon bassin. C'est la première réaction depuis l'opération. J'avale ma salive de surprise. Cela dure le temps d'un miaulement de chat.

Je lui réponds de ma voix éteinte que nous dormirons ensemble pendant le trajet. Je souris de mon renoncement, ma circoncision me donne une deuxième virginité. Nous revenons à sa voiture, nous nous disons à demain.

Je sens de nouveau le poids de la musette à mon côté tandis que je me dirige vers ma chambre.

Le matin, je me rends chez le curé, je lui remets le travail fini, enveloppé dans le bout de tissu. Je lui demande de l'ouvrir quand je serai sorti. Je ne vais pas faire l'essai sur la statue. Il verra l'effet et le résultat. Je prends quelques jours de distance. À mon retour, il me fera savoir si je dois procéder à l'assemblage.

C'est à l'évêque que revient la décision. S'il

ne tenait qu'à lui, le curé me laisserait terminer le travail dans la journée, sans le voir avant. Pour des raisons administratives, il ne pourra me payer qu'une fois le travail achevé. Il me demande si j'ai besoin d'un autre acompte. Non, celui que j'ai déjà reçu me suffit encore largement.

Les prévisions donnent quelques jours de beau temps, il faut y aller tout de suite. On part en car, bizarrement elle ne prend pas sa voiture. Nous arrivons le soir dans le village désert.

Chez moi, dans les deux pièces fermées depuis des mois, le froid s'est incrusté dans la poussière. J'allume le feu dans la cheminée. La femme est étonnée par la vapeur qui sort de la bouche à l'intérieur d'une maison.

Elle me demande si c'est ainsi que je passe mes hivers. Je lui prépare une camomille faite avec des plantes ramassées l'été. Dans le lit, nous nous glissons tout habillés sous les couvertures, pendant que la flamme ranime lentement le bois du toit et du plancher, qui se mettent à craquer.

Elle m'embrasse dans le dos, le meilleur système de chauffage. Deux corps froids se réchauffent par contact, sans aide d'autre énergie. Les étreintes produisent des calories.

Je lui dis qu'il nous faut prévoir un bivouac si elle pense rentrer après la traversée. Dans ce cas, la nuit sera plus dure que celle dans la maison. Moi, je rentrerai aussitôt, de toute façon.

Elle ne me répond pas, elle ne me dit pas si elle restera de l'autre côté de la frontière. Il faudra que j'emporte une tente et un réchaud à gaz.

Elle me demande si elle pourra rebrousser chemin au cas où elle se sentirait incapable de continuer. C'est possible, mais, si c'est à plus de la moitié du chemin, il faudra bivouaquer. Le froid ne permettra pas de faire de pauses. En cas de fatigue, nous ralentirons, mais sans nous arrêter. Nous sommes début avril et chez nous l'hiver ne lâche pas prise avant le mois de mai. Je m'endors avec sa respiration dans ma nuque.

Il fait nuit quand je me réveille, elle dort. Je ranime le feu dans la cheminée, je réchauffe le pain sec sur le reste de braise, je prépare le café, j'ouvre un pot de confiture. Les bruits ne la réveillent pas. Je m'approche, je lui remets son bonnet de laine qui a glissé, ses cheveux sont comme du crin à cause du froid.

Elle se réveille, fourre sa tête sous les couvertures. De là, je l'entends dire qu'elle n'a pas dormi à cause des bruits de la maison. Un concert de fantômes, de grognements, de coups secs, de bruissements et même les syllabes d'une langue inconnue.

Je lui dis que c'est la contraction du bois qui se réchauffe.

« Ne parle pas de chauffage, il n'a jamais existé dans cette maison », crie-t-elle en colère sous la couverture.

Je lui dis que le bois est une substance vivante, qu'il réagit à l'humidité, à la sécheresse, au froid, à la chaleur. « Tu continues à parler de chaleur ? J'ai entendu des voix, cette maison est un repaire de fantômes. » Ce sont les loirs dans les combles, ils commencent à remuer après leur hibernation.

« Je ne passerai pas une deuxième nuit avec ce concert d'ogres. »

Tu veux dire d'orgue, lui dis-je en lui apportant le café bouillant. « Ce sont bien des ogres et tu dois en être un pour vivre ici. »

Il faut se bouger, lui dis-je en lui tendant sa tasse.

« Pose-la sur la cheminée, j'arrive. »

La couverture sur le dos, elle s'approche du banc devant le feu dont la flamme grandit. « Je n'avais pas remarqué que le feu parvient aussi à éclairer. »

Elle vide la moitié du pot de confiture sur le pain grillé, elle boit son café. « Du sucre ? »

Il n'y en a pas. Elle met une petite cuillère de

confiture dans son café et la tourne nerveusement.

Dehors, le gel renforce l'obscurité. La maison craque comme un corps qui s'étire après le sommeil. Je remplis mon sac à dos de l'indispensable, pas d'eau, nous nous débrouillerons avec la neige.

Quelle est la raison qui la force à une telle pénitence ?

Elle se couvre de toutes les couches possibles. Son sac à dos s'affaisse sous le poids. Elle me le prend brusquement des mains quand je le soulève pour le lui donner.

Ceux qui n'ont pas l'habitude d'aller en montagne se chargent de poids inutiles.

Je pense aux bagages des traversées : leur poids est tout l'opposé, il contient le double concentré de la vie en voyage.

J'éteins le feu pour qu'on ne voie pas la fumée le matin, qui signalerait ma présence. Nous sortons, un début de clarté entame la nuit. C'est l'heure la plus froide du jour, les premiers pas raclent la glace. Elle est emmitouflée jusqu'aux yeux. Elle est furieuse, elle marche d'un pas pressé en montée. Dans quelques minutes elle sera essoufflée, le corps a besoin d'une mise en train.

Elle s'arrête, elle souffle, je lui dis de ralentir sans cesser de marcher. Elle ne bouge pas. Je lui dis que si elle s'arrête encore, je reviendrai en arrière. J'avance d'un pas lent pour lui faire prendre son rythme. Le chemin traverse le bois en diagonale, le passage oblique force les chevilles. J'ai un bâton qui me permet de me soulager d'un peu de poids.

Elle, elle a deux bâtons de marche modernes, pointus, peu pratiques pour ceux qui n'y sont pas habitués. Elle trébuche sur l'un des deux. Après le second croche-patte, elle les jette, j'entends le bruit, je ne me retourne pas pour regarder.

Le bois de mélèzes, de sapins et de pins cembro est un labyrinthe entrecoupé de petits précipices qu'il faut contourner.

Dans un passage raide, je me retourne pour lui proposer mon aide. Elle tient quelque chose dans sa main qu'elle se dépêche de glisser dans sa poche. Je crois qu'il s'agit d'un GPS. Dans cette épaisseur d'arbres, de pierres et de neige, je crois qu'il ne sert pas à grand-chose pour retrouver son chemin, mais je ne m'y connais pas. Il se peut que ça marche.

Elle n'a pas confiance ? Ce n'est sûrement pas la raison. J'ai soudain l'idée de prendre le passage plus difficile, en haut, à la sortie du bois. Qu'il s'agisse de mon instinct ou de celui de mon frère, il vaut mieux décourager une répétition.

En haut, le jour est limpide, mais le versant nord que nous remontons reste dans l'obscurité à l'ombre. Nous n'échangeons pas un mot. Je sens derrière moi le bruit de ses pas irréguliers. On se fatigue bien plus en les faisant irréguliers. Ils doivent être courts et égaux. Je ne me mets pas à expliquer comment on marche en montagne, ceux que j'accompagne ne doivent pas apprendre, ils doivent passer de l'autre côté.

Je ne compte pas les heures, je les connais. Il en faut trois pour sortir en haut du bois au milieu des rochers du vieil éboulement. Nous allons mettre plus de temps.

Aucune trace sur la neige dure, de la pointe de ma chaussure je creuse quelques marches dans les endroits plus raides. Je l'attache par la taille à une corde et d'en haut je l'aide à monter.

Je me conforte moi-même dans mon choix du chemin le plus mauvais.

À midi, nous sommes dans une clairière sous un surplomb. Le soleil entre de biais. C'est un bon point d'observation sur l'ascension accomplie. Une horde de chamois avec leurs petits est perchée sur une crête voisine au milieu d'une langue de soleil sans neige.

La femme est fatiguée, j'enlève mon sac à dos, elle se jette par terre avec un soupir de soulagement. Je m'éloigne, je prends mes jumelles et je regarde.

Quelqu'un apparaît et disparaît du pierrier, au milieu des rochers. Il est seul, il porte un fusil. Il suit nos traces.

La femme retire une barre énergétique de son papier et la mange. Elle demande où nous sommes, à quelle distance. Il faut franchir un passage vertical. Elle lève les yeux.

« Par là ? C'est impossible. Ne me dis pas que tu fais passer les réfugiés par cette paroi ? Où m'emmènes-tu ? »

Je ne réponds pas. Elle s'énerve, hausse la voix. Je baisse la mienne, je la ralentis. Je n'ai pas demandé à quoi servait la traversée. Nous restons ainsi, deux personnes qui ont décidé de se faire confiance.

Même lentes, mes paroles sont sorties sur un ton plus dur que je ne voulais. Alors j'explique, pour diminuer la tension. Au sommet de la paroi, nous suivrons un long chemin de crête qui monte et qui descend. À partir de là, nous resterons tout le temps attachés.

Elle se lève, sort des jumelles de son sac. Elle fait semblant de regarder le panorama, elle cherche quelque chose. J'ignore la raison de ces manœuvres, mais elle doit savoir qu'un homme nous suit. Sur la crête, nous serons visibles à distance et on pourra nous rejoindre d'un bon pas. J'imagine qu'elle fait exprès de ralentir. Dans ce cas, je me détacherai et je me jetterai dans un pierrier. Je ne veux pas savoir qui est derrière nous ni pourquoi. Je n'ai pas de goût pour le mystère et chez nous on préfère en savoir le moins possible.

Je laisse mon sac à dos avec la tente et le réchaud à gaz dans une niche. Je le retrouverai au retour. J'attache la corde autour de ma taille et elle à l'autre bout. La paroi en surplomb a un point faible, une faille verticale qui s'élargit vers le haut en cheminée. Je commence à escalader, la roche est froide, mes doigts perdent de la sensibilité. J'y suis habitué, j'ai des cals qui servent de coussinets.

En serrant les bords de la cassure froide, la peau s'entaille. Je ne peux pas mettre de gants, la prise les ferait glisser. Je lui dis de s'en servir, je la hisserai, il suffira qu'elle pose ses pieds.

Je commence à peiner, ce n'est pas une saison pour faire ces excursions.

Plus haut, la paroi est au soleil. Quand j'y arrive, à cinquante mètres au-dessus du point de départ, la corde a donné toute sa longueur, je m'arrête et je me cale bien. Je l'appelle pour qu'elle commence à monter. Au début, elle avance péniblement, elle glisse, se suspend, jure. Le poids de son sac à dos complique ses mouvements et rend plus pénibles mes efforts pour la hisser.

Elle a de la bonne volonté, elle se calme, se concentre, domine son découragement et coopère.

Elle n'a pas eu peur, dit-elle quand elle arrive au point d'arrêt, parce qu'elle était en colère. Tant mieux, ce n'est pas une partie de campagne.

Je l'assure à un solide rocher en saillie et je repars vers le haut. Au soleil, l'ascension est plus légère, les pieds s'appuient plus sûrement sur le sec et supportent mieux le poids du corps. J'arrive tout en sueur au sommet de la paroi. Je la récupère, elle et la corde entre nous. Cette fois-ci, elle suit sans faux pas ni glissades. Une fois en haut, elle me dit qu'elle a presque aimé ça. Nous échangeons des sourires que nous effaçons aussitôt.

Bien que je sache qu'il y a un malheur en vue, le seul fait d'être attachés à la même corde me donne l'illusion d'une entente entre nous deux. C'est une erreur, mais je n'arrive pas à vouloir du mal à cette femme qui est en train de me trahir. Je lui montre la ligne de crête que nous allons suivre.

C'est l'après-midi et nous grimpons depuis neuf heures.

Les crêtes ne sont que montées et descentes sur de la neige et de la pierraille. À certains endroits, elles sont minces avec deux gouffres de chaque côté. Cette fois, nous avançons encordés court. Si elle glisse sur un versant, je me jetterai par terre de l'autre côté pour faire contrepoids.

Nous avançons lentement pendant une heure. J'ai l'espoir que la difficulté de la paroi à escalader décourage l'homme au fusil. Elle se met à ralentir, elle dit qu'elle n'en peut plus. Je m'attendais à ce coup-là. Je cherche le meilleur endroit sur la crête pour me détacher et plonger la tête la première dans la descente. Je vois un éboulis assez raide que je pourrais tenter. Pas de je pourrais, je dois tenter.

Il est à une cinquantaine de pas. Je me dis que je vais me détacher sans un mot et escalader en descente les rochers qui mènent à l'éboulis. Pendant que j'échafaude ce plan, un tir claque, je me baisse instinctivement. Nous nous retournons sans comprendre d'où est parti le coup. S'il est contre nous, nous pourrions être exposés à d'autres tirs. Nous voyons quelque chose qui chute d'une crête que nous avons traversée. C'est un corps, d'abord lent puis qui accélère en rebondissant sur la pente raide des pierres et des rochers. Elle met les mains devant sa bouche pour étouffer un cri.

Le corps d'un homme disparaît en se fracassant, une centaine de mètres plus bas. Elle crie un nom qui s'étrangle dans sa gorge. Nous sommes sur une bande étroite entre deux précipices. Je la tiens encordée court, je la tire vers un endroit sûr.

Nous sommes debout, attachés à la taille par la même corde. La première chose que je fais est de délier le nœud. Elle s'est raidie et regarde vers l'endroit plus loin, sans se rendre compte que je la détache. Je défais également mon nœud et je récupère les cinquante mètres de corde, je les enroule en écheveau et les mets sur mon dos. Elle se rend compte de mon manège. Un silence impossible est tombé entre nous. Je dois revenir sur mes pas, voir ce qui s'est passé. Je fais un effort pour le dire. Je voudrais le faire et c'est tout, qu'elle s'en sorte toute seule sur cette crête.

Elle me regarde sans un mot. Je ne suis pas capable de la laisser sans alternative. Je lui indique le chemin à suivre, encore un peu de crête facile, en descente, puis les bois pleins de sentiers bien signalés qui mènent dans la vallée. Nous sommes déjà de l'autre côté de la frontière. Elle a encore trois bonnes heures de lumière, c'est suffisant. Je ne parviens pas à dire autre chose tout en terminant mes préparatifs pour revenir en arrière.

« Il faut qu'on parle tous les deux. »
Il est tard pour discuter.
« Quand as-tu eu des soupçons ? »
Je ne suis pas très fort avec les soupçons.
« Dépêchons-nous, on n'a pas le temps de jouer à cache-cache. Tu as compris que je serais suivie. Tu as prévenu quelqu'un pour protéger tes arrières. Tu as pris la responsabilité d'un homicide, un des tiens a tué l'homme qui nous suivait. Tu n'es pas la personne naïve que tu veux faire croire. »

Je ne comprends pas un mot. Je n'ai aucune vocation pour les histoires policières. Je reviens en arrière et sans elle, parce que je dois aller vite.

« Tu me laisses ici ? »
La traversée est terminée, de toute façon je l'aurais laissée un peu plus loin.

Je suis pressé, je passe devant elle et je me lance en courant sur les pas que nous venons de faire lentement. Dans mon dos me parvient un merci crié, répété deux fois. Le bruit de mes pas m'empêche de comprendre s'il est dit sérieusement ou avec colère.

Sans elle, je vais à toute vitesse, j'arrive à l'endroit où est tombé le corps. Il y a plusieurs empreintes sur la neige en dehors des nôtres, au moins deux personnes, peut-être trois. Elles ont piétiné notre trace pour ne pas laisser des semelles de chaussures de montagne isolées. À l'endroit d'où le corps est parti, on distingue des taches de sang. Il a été traîné jusqu'au précipice. L'homme a été jeté en bas, les traces ont été recouvertes avec une pelle.

Quelqu'un a suivi l'homme, lui a tiré dessus et il avait même une pelle.

L'endroit où il est tombé se trouve au milieu des ravins et des crevasses, impossible de descendre pour chercher.

Je me dépêche, j'accélère en descente, je me laisse tomber le long de la corde au bas de la paroi escaladée. Je dois presser l'allure, je récupère mon sac à dos et je cours pour rentrer et éviter le bivouac. À l'ouest, menace un rouleau de nuages violets, en avance sur les prévisions. C'est une tempête de neige. Une furieuse énergie se déchaîne en moi, je cours et j'arrive en haut du bois à la nuit tandis que la tourmente déverse sa charge dans le vent.

Je descends à l'aveuglette, de mémoire, au

milieu des arbres, je me bats avec les rafales, je me crie à moi-même que je suis dans mon élément, je suis chez moi, la tempête est un chien qui me fait des fêtes en sautant sur ma poitrine avec ses pattes. Je suis dans un demi-délire de fatigue et d'obstination, je tombe, je me relève, je me cogne contre des branches, la neige se soulève au-dessus de la terre, je la bois, je la crache, je l'écarte, je l'engueule. Je ne me trompe pas une seule fois en chemin, j'arrive à ma porte et je dois déblayer pour entrer.

Je me jette sous les couvertures, la neige encore sur le visage, sans une pensée. Je n'allume pas le feu, j'arrive juste à retirer mes chaussures et mes vêtements mouillés. Je suis vidé. Rien de ce qui s'est passé dans la journée n'affleure au-dessus de la fatigue. Mon corps n'autorise aucune distraction, concentré sur lui-même, sur le froid, sur l'estomac à jeun. Le sommeil me tombe dessus comme une avalanche tandis que la neige écrase la montagne dehors.

Le matin, il y en a un mètre et un reste de tempête tombe à lents flocons. J'allume le feu, je réchauffe tout près de l'eau pour me laver, puis le café et un reste de pain et de confiture avec la cuillère dont elle s'est servie. Elle a dû descendre à temps. Que transportaient-ils donc ces deux-là, la bombe atomique ? Pour tuer un stupide montagnard qui n'en a rien à faire. Quelques questions à vide pendant que l'eau se réchauffe, puis je me déshabille et je me nettoie par petits bouts de la tête aux pieds.

Maintenant, il faut que je réfléchisse, me dis-je.

Depuis quand mes pensées fonctionnent-elles comme ça ? Elles arrivent quand elles veulent et passent au large de ce dont j'ai besoin sur l'instant.

La vapeur se dégage de mes vêtements d'hier devant le feu. Le café fume, le pain aussi, je regarde hébété les étincelles du bois sec. Quel beau penseur, une demi-minute et je suis déjà distrait. Épicure me cracherait dessus.

Les planches du toit craquent comme des coques de noix, la cheminée souffle, les loirs font la course dans les combles. Je suis dans mon hiver habituel, hier n'a été qu'une de ses journées en plein air. Ici, à la montagne, avril n'entre pas dans le compte du printemps.

Je ne veux pas savoir, comprendre. Contrordre à la pensée : laisse tomber.

Je regarde autour de moi, je vais à la fenêtre. Mon sac à dos a laissé son poids sur mes vertèbres, mes mains ont les entailles de la fissure escaladée la veille. Elles disparaîtront vite, le corps fait comme la neige, il efface les traces.

Je sors faire des courses, je veux rester quelques jours. Le village est tout recouvert, la rue a disparu, les cheminées fument. Le chasse-neige ne vient pas chez nous, c'est le mois de mai qui se charge de nettoyer. Je fais mes achats à la boutique, je dis bonjour à quelques personnes, pas une seule ne pose de questions, on fait comme si j'étais absent depuis hier. J'apprécie cette discrétion de village, qui ressemble à de l'indifférence.

Je pose mes provisions à la maison, je passe à la taverne.

Le patron dégage la neige devant l'entrée, il me salue et me fait signe que mes deux amis sont à l'intérieur. Je lui dis de préparer ma table, je vais finir de déblayer à sa place. Il accepte volontiers, je me mets à balayer la neige. Elle est légère, elle n'a pas eu le temps de se compacter.

J'entre, mon couvert est mis à la table où sont assis le forgeron et le boulanger. J'hésite, ils m'invitent à m'asseoir d'un geste de la main. Ils me versent du vin, lèvent leurs verres. « Contents de te revoir. »

Je ne m'y attendais pas, mais je suis heureux qu'il n'y ait pas de rancune entre nous. Je bois une gorgée, le forgeron attend que je pose mon verre.

« Nous sommes quittes. »

Je le regarde lui, puis le boulanger qui fait oui de la tête.

« Pas quand je te l'ai dit la dernière fois, que nous étions quittes parce que je ne te tuais pas. Maintenant nous sommes quittes. »

Je l'écoute me raconter ce que j'ignore d'hier.

Ils ont vu la fumée de ma cheminée dont ils avaient d'abord senti l'odeur que le vent emporte de ma maison, la dernière du village. Le forgeron voulait venir s'excuser. Le soir, il a vu arriver un camping-car inconnu. Il s'est arrêté en dehors du village, personne n'en est descendu. Avant l'aube, il m'a vu sortir de la maison avec la femme et me diriger vers la montée. Un accompagnement pour une seule personne et hors saison : il voulait comprendre ce que je faisais. Un homme est sorti du camping-car avec une carabine de précision, pas un fusil de chasse. Il s'est mis à marcher derrière nous. Le camping-car est reparti.

« J'ai prévenu mon copain, j'ai pris mon fusil, lui sa pelle et nous vous avons suivis. À propos, pourquoi as-tu pris le chemin le plus difficile ? »

Je ne voulais pas montrer le meilleur. Nous parlons à voix basse, mais c'est inutile, personne n'entre.

« L'homme connaissait la montagne. Il est monté le long de la fissure sans être encordé et avec son fusil. »

Ils lui ont donné une longueur d'avance, puis ils ont grimpé eux aussi le long de la paroi. Arrivés en haut, ils l'ont vu monter un trépied entre les rochers et y fixer son fusil.

« Il a vissé dessus un viseur. Je n'ai pas attendu qu'il le règle. À cent mètres, j'ai visé le crâne et j'ai tiré, un seul coup. C'était aussi l'endroit idéal pour le faire disparaître. Sur notre versant de crevasses, où nous allions chasser les chamois. Il a dû glisser dans un trou, nous irons voir quand la neige de cette nuit aura dégonflé. »

Je demande qui c'était. On n'en sait rien, il n'avait pas de papiers, il ne voulait pas passer de l'autre côté. « Il avait une cicatrice sur le visage, la quarantaine et un très beau fusil. »

« Sans nous, il te tuait », dit le boulanger.

« Tu m'as sorti vivant de l'avalanche, je t'ai sorti vivant d'un piège. Maintenant nous sommes quittes », dit le forgeron.

Je dis oui.

« Cette histoire se termine là. Nous n'en parlerons plus entre nous ni avec personne. D'accord ? »

Nous vidons notre verre. Nous le retournons,

il ne doit pas tomber une seule goutte, ainsi pas une syllabe ne tombera de nos lèvres.

Cette histoire se termine là.

Les traversées aussi sont finies, ils ont changé de vallée. C'est comme ça en montagne, les étrangers, les touristes viennent à l'improviste et à l'improviste ils s'en vont tous ensemble.

Ici, en montagne, on applique des lois différentes de celles des plaines. Ici, la vie est en contact plus étroit avec la mort. On vit au milieu des avalanches, des éboulements, des précipices, des hivers transis. Les hôpitaux sont loin. Un cal de survie se forme sur la peau. On est moins sensibles aux vies perdues, hommes et bêtes vivent ensemble dans les étables et on ne s'attache pas trop les uns aux autres.

Ici, en montagne, la réputation compte plus que la vie. On peut prendre à un homme sa maison, sa terre, le forcer à émigrer, mais on ne peut lui enlever son honneur. Pour ça, il existe la peine de mort. Il ne faut pas se fier à celui qui a l'air le plus doux, le plus résigné. Si on l'humilie, il vous tendra un piège. Il est facile de disparaître ici. Les torts se règlent sans dénonciations, juges et uniformes. Les dettes se paient au prix de la vie.

Ici, en montagne, tout le monde a une arme cachée. Certains ont des explosifs, récupérés dans une carrière ou sur des bombes qui n'ont pas explosé. La montagne est un coffre-fort de secrets.

Les histoires de sorcières, d'ogres, d'animaux sont la chronique locale sous forme de légendes. Ce qui arrive chez nous se transforme en inventions. L'histoire du crucifié était sans doute aussi une relation d'événements transformés par la suite en légende sacrée. Sa condamnation à mort, l'agonie d'un homme jeune ont ensuite changé une colline de Jérusalem en autel.

Ces pensées tournent dans ma tête, je les attribue à mon frère tout en refaisant mes bagages. Après l'histoire racontée à la taverne, mieux vaut quitter les lieux, au cas où quelqu'un viendrait chercher le disparu.

Je monte dans le car, je retourne à la ville de mer. Les courbes des virages en descente rembobinent une pelote dans ma tête. Fatigué par ma journée de la veille, je m'endors sur mon siège.

J'arrive la nuit, je me dirige vers mon logement. Sans lune, les constellations étincellent dans le ciel. Sans sommeil, je m'assieds sur un banc la tête en l'air, posée sur mes mains croisées derrière ma nuque. J'entends le bruit des vagues, la respiration forte de la mer, celle d'un asthmatique.

En haut, brillent des épingles de lumière, elles piquent les yeux. Pour arriver jusqu'à mes cils, elles consument des réserves infinies d'énergie, en traversant les années-lumière.

La veille au soir, je courais à l'aveuglette dans la neige, maintenant je règle ma respiration sur le rythme des vagues. La veille au soir, exposé au viseur d'un fusil, maintenant à l'abri d'une nuit de printemps : puissance de la géographie qui en quelques heures sépare des bouts de vie opposée.

Je reste la tête en l'air pour prolonger la distance de mes courses d'hier. La femme a dû s'en tirer ou bien elle dort dans une cellule. Elle aussi fait l'expérience de la distance qui la sépare des pistes d'hier. Elle s'est sûrement plongée elle aussi dans un sommeil fleuve.

Les dangers cessent toujours au moment où les paupières tombent comme un rideau de théâtre. On est toujours sauvé dans un sommeil.

La nuit, les pensées sont volontiers changeantes, la tête vide est un pâturage pour leur paisible rumination. La silhouette du crucifié réapparaît entre les branches de la Voie lactée.

Celui qui meurt ne se sent pas mourir lui-même : il sent mourir le monde, les personnes tout autour, les jours, les nuits, les planètes, les mers. Celui qui meurt sent s'éteindre l'univers hors de lui. C'est la miséricorde offerte à chaque mort qui dissout le désespoir dans l'immensité de toutes les extinctions.

Je vois gicler en l'air une étincelle qui s'éteint aussitôt. Elle voyageait depuis des millions d'années avant de s'effriter en miettes brûlantes dans le frottement avec une atmosphère, maintenant. Maintenant : je viens d'assister à l'événement le plus ancien que je connaisse. « Maintenant » est pour un instant un mot gigantesque.

L'univers mélange ses fragments, rien n'est étranger. La seule fois où le crucifié a parlé d'étoiles, ce fut pour annoncer leur chute. Elles sont encore là, plus émiettées mais à leur place, comme les montagnes. Il ne parlait pas de leur écroulement, mais du sien.

Il savait que la fin du monde coïncide et se répète avec la mort de chacun. Le ciel se repliait comme un rouleau en même temps que ses râles.

Cette nuit, mon frère est en forme, il allume ses pensées comme des feux de Bengale. Je respire profondément, cassant le rythme des vagues. Je cherche dans l'air une autre étincelle. Elle ne se produit pas. Je souris de me voir dans l'étrange attente d'un événement cosmique privé, l'à-présent d'une autre extinction.

Je me ressaisis avec un frisson de froid. Je baisse les yeux à terre, je mesure l'effort nécessaire pour distinguer nettement le sol entre mes pieds, après avoir voyagé dans les galaxies. C'est le vertige inverse de l'astronome. Les premiers pas sont ceux d'un ivrogne qui trébuche sur lui-même.

Le matin, je me rends au presbytère, le curé est sorti, occupé par les préparatifs de Pâques. Il va dans les maisons pour les bénir. Dans la grande salle de la statue, je suis surpris par une lumière plus forte. On a changé l'éclairage, il est vif, il efface les ombres. La nudité est plus violente, la mutilation plus tragique.

Je passe un linge humide sur le corps pour enlever la poussière, le linge n'est pas sale. On l'a déjà fait en mon absence.

La blessure de l'entaille intercostale semble plus large, les ronces des tempes plus pointues. La lumière excessive est une erreur. Au moment de la mort, le ciel était noir de pluie condensée.

Je passe le bout de mes doigts autour des clous. Je m'étonne de ne pas l'avoir fait. Sur la tête du premier, celui des pieds, je sens quelque chose de gravé sous mon doigt. Je monte vérifier les deux autres. Je sens aussi sur eux comme un petit sceau. Je regarde mieux avec la loupe, ils sont différents. Je recopie ces signes sur un cahier pour les montrer au rabbin.

Je me reproche de ne pas avoir procédé plus tôt à une inspection complète de toute la surface avec ma loupe et mes doigts. Je fouille chaque centimètre pendant une heure, sans trouver d'autres signes.

Je vais chez le rabbin. Leur Pâque est déjà passée. Pour eux, c'est la célébration d'une traversée. Ils franchissent la frontière de l'Égypte et de l'esclavage. Ils entrent dans la liberté qui, au début, est un désert grand ouvert. Derrière eux, le passage se referme à double tour, ils inaugurent le voyage. C'est la première fête d'égalité des histoires sacrées, aucun d'eux n'est esclave.

C'est ce qu'il m'explique, en me recevant chez lui cette fois. Il m'offre un café turc, sa famille vivait à Istanbul.

Son bureau est une fortification de livres, qui forment partout des tours, des gradins, du sol au plafond. Sa table de travail est un pont-levis. Pour la plus grande partie, il s'agit de littérature. Il me présente d'un geste les parois surchargées.

« Je suis leur hôte, dit-il sans plaisanter.

« Ils me préparent à l'étude des histoires sacrées. Ils sont l'antichambre, la cour. Après leurs pages, je peux entrer dans l'enceinte. »

Je lui montre les trois signes gravés sur la tête

des clous. Il hoche la tête, cette fois-ci encore il s'agit de lettres hébraïques.

« Ce sont alef, dalet, mem, ils forment le nom Adam. C'est lui l'auteur, c'est ce que veut dire le sculpteur par ce message. Adam, l'espèce humaine tout entière, a planté ces clous en laissant sa signature. Dans les Évangiles, on rapporte la phrase "Pourquoi m'as-tu abandonné ?". C'est la répétition d'un vers de David dans un psaume. En hébreu, on peut lire sans point d'interrogation : "À quoi m'as-tu abandonné". Comme un acte d'accusation, regarde à quoi tu m'as abandonné. À quoi : en hébreu, on peut lire l'équivalent en valeur numérique : "À un Adam tu m'as abandonné". Voici son nom sur les clous. »

Le sculpteur a voulu être écrivain. Il a semé des lettres sur la surface pour ajouter une ligne à cette histoire.

Son identification physique avec le crucifié lui avait imposé la connaissance de l'alphabet hébraïque. Il avait gravé une écriture sur la statue, mais loin des yeux. Non pas pour le spectateur qui observe, mais pour celui qui s'approche, qui traverse la frontière de la distance et arrive à toucher avec la main. Les signes sont là pour qui est disposé à se laisser contaminer.

Je me retrouve devant le gouffre des significations, j'ai besoin de m'appuyer sur une gorgée de café turc. Le rabbin me laisse le temps de le déguster. Puis il conclut.

« Être condamnés à mort nus. Tel fut le sort de mon peuple au siècle passé, dans le désert d'Europe. Dévêtus avant d'être tués : les assassins répétaient en automates les préparatifs de la crucifixion d'un juif. »

Troublé par ces informations, je me cogne à une pile de livres qui s'écroulent par terre. Je suis confus, je les ramasse, je m'excuse. Il m'aide, en disant de ne pas m'inquiéter pour les livres.

« Ils ne sont pas fragiles, ils se laissent maltraiter. Ils résistent mieux que nous à l'usure, au gel, aux exils et aux naufrages. Leur prodige est de savoir prendre le temps de celui qui lit. On ouvre Homère et on le trouve à côté de soi. On le referme et il s'en retourne dans ses siècles. »

Je repasse chez le curé en pensant à Homère. Il n'en va pas de même pour le crucifié, pour son discours de la montagne, sur les égalités, sur le bonheur. Je referme les pages de Matthieu et elles ne retournent pas dans leur millénaire. Elles se sont glissées dans l'écoute, elles font du lecteur un témoin, quelqu'un qui était là.

Telle est peut-être la distance entre Homère et Matthieu.

J'en parle avec le curé rentré de sa tournée de bénédictions. Il range l'eau bénite, l'instrument qu'il appelle aspersoir, il retire ses ornements religieux.

Il frappe consciencieusement à chaque porte. Une moitié refuse, un quart ne répond pas, le reste accueille l'eau et les paroles. C'est son marathon de Pâques. Il bénit aussi les portes fermées.

Il lit rarement Homère. Pour lui, Matthieu est son journal quotidien qui lui raconte la dernière nouvelle, tandis qu'Homère a le charme de la légende.

« Matthieu, c'est la terre ferme. Homère, la mer, pas la vôtre, aimable même quand elle enfle. Ma mer, c'est l'Atlantique furieux des Antilles, les ouragans et les coups de patte des tourbillons de vent qui arrachent les toits des maisons. Mais revenons à nous. »

Il est allé faire un essai avec l'évêque pour voir ce que donnerait l'assemblage. La première impression est celle d'un ajout voyant. Puis l'impression s'inverse, la pièce appartient au corps.

« En regardant plus lentement, on n'y fait plus attention. Le début d'érection est estompé, il faut vouloir le trouver. Sur l'original, sur la photo de l'époque, le blanc accentuait le détail. Le marbre différent attire au contraire l'attention sur les veines, qui rappellent la torsion du corps. Le marbre que tu as trouvé et travaillé est une idée d'artiste, nous le reconnaissons. La nature, comme tu l'appelles, se révèle plus dissimulée qu'exposée. »

Je lui demande la raison du nouvel éclairage.

« Nous avons ajouté de la lumière pour mettre en évidence la peine supplémentaire de la nudité, la volonté d'humilier ainsi le condamné. Cette nudité veut ajouter de la honte. Il y a des femmes autour, une assemblée. Mais ici, sur la statue et sur la croix, on assiste à un retournement. Le corps blessé se transfigure et sa nudité passe de la honte d'un être humain à la pureté d'un agneau sacrifié. La croix devient autel et le corps son offrande. »

Je peux procéder à l'assemblage.

Je lui parle des trois lettres hébraïques gravées sur la tête des clous, de l'aide que m'a apportée le rabbin. Il en parlera à l'évêque, mais il peut déjà me dire que ces signes ajoutent une profondeur à la sculpture et qu'ils seront rendus publics comme les autres découvertes que j'ai faites sur la surface. Le rabbi, comme il l'appelle, sera invité à l'inauguration. Je demande d'inviter l'ouvrier algérien de la carrière de marbre qui m'a donné le bloc. Même s'il ne vient pas, il sera content de recevoir l'invitation.

Il me remet la nature enveloppée dans un délicat tissu en lin.

J'ai envie de marcher, je vais sur la plage. Le vent me frictionne le visage, il se glisse dans mon nez, dans mes oreilles, tire quelques petites gouttes de mes paupières. Les pupilles se lavent avec le vent, pas avec le savon.

Je marche quelques heures, je ramasse de petits bouts de bois tordus, de la nacre, par habitude de regarder par terre. Des algues sèches s'émiettent sous les pieds. Les miens sont deux bouts de bois fins et maigres, ils pourraient appartenir à Pinocchio. Mes jambes aussi sont décharnées, au large dans n'importe quelle paire de pantalons. Le vent s'abat sur elles en faisant flotter l'étoffe superflue.

Je retrouve l'endroit où nous nous sommes assis la femme et moi, sous l'enseigne d'une plage privée. Le sable est égalisé, sans trace de notre poids. Il faut le glissement d'un glacier pendant des millénaires pour laisser sur la face des montagnes la marque de passage d'un frottement. Il faut d'énormes catastrophes pour graver un souvenir sur la face du monde. La prétention de laisser un signe n'est pas à notre portée.

Il n'y a pas de pêcheurs à la ligne. Le rivage aussi est une frontière et je pourrais la franchir en entrant dans la mer. Je poursuivrais mon chemin, je descendrais sur le fond.

La pensée de mon frère n'est pas d'accord : pas sur le fond, car dans l'eau une force opposée à celle de la gravité pousse, en ôtant du poids, en soulevant le corps pour qu'il flotte. Le Syracusain Archimède s'en était aperçu, lui qui s'occupa de terre, de ciel et de mer.

Il fut tué vieux par un jeune soldat de Rome. Le renouvellement des générations peut être une catastrophe. Les vieux devraient mourir d'amour, en tombant d'une échelle appuyée au balcon de leur bien-aimée.

Mon frère parle avec le vent qui entre dans mon nez et va droit dans mon crâne pour lui rendre visite. Il me renvoie des pensées de l'espèce des éternuements, soudains, qui piquent pour qu'on les chasse.

Je ramasse une pierre creusée par des mollusques, un de leurs immeubles abandonnés. Je mettrai un peu de terre et une graine dans ses trous ronds. J'invente une variante de son logement.

Je marche jusqu'à ce que j'aie soif.

Pendant le dîner, je m'informe sur les résines modernes pour coller le marbre. L'ouvrier algérien me recommande une résine époxy et de bien nettoyer les deux surfaces de contact. Il est préférable de les rendre poreuses. Ce sont des conseils évidents, mais je suis content de les entendre de sa bouche.

J'achète la résine et du papier de verre à gros grains pour donner plus de rugosité aux deux parties à assembler.

Il reste à réaliser cette facile opération et ma tâche sera terminée. Je me suis approché de l'œuvre dans un corps-à-corps, jusqu'à l'imitation de la circoncision.

Avant de descendre dans la grande salle pour la dernière fois, je passe chez le curé. Je lui redis mon désir de ne pas voir figurer mon nom en marge de la restauration. L'œuvre est celle du sculpteur, moi je suis son adjoint dans un détail.

Il me fait remarquer que mon nom sur la restauration me procurerait d'autres commandes. Peu importe, je n'ai pas besoin d'augmenter mon chiffre d'affaires, dis-je pour plaisanter. Je n'assisterai pas à l'inauguration, je connaîtrai le résultat final avant les autres, puisque c'est moi qui l'inaugurerai.

Je m'en vais. Je me sens un peu étourdi, comme après une fièvre de plusieurs jours. Je retire le bloc de marbre du morceau de lin, le contact fait vibrer mes doigts. C'est ce que j'ai su faire de mieux, mon chef-d'œuvre. Je souris de moi-même.

Je rends rugueuses les deux surfaces de contact avec le papier de verre. J'approche le bloc pour faire un essai. Je sens la résistance de deux aimants qui se repoussent. L'enchantement du moment me trouble, une faiblesse sous le coup de l'émotion. J'essaie à nouveau avec un peu plus d'énergie, le bloc glisse de côté. Je ne comprends pas et, comme d'habitude, je ne cherche pas à comprendre, je dois seulement exécuter. Je me calme et j'essaie à nouveau. Une force repousse.

Suis-je devenu fou ? De quelle force est-ce que je parle ? Je parle, je suis en train de parler, avec une voix qui bafouille. Mes lèvres bredouillent toutes seules. Je ne sais pas ce qu'elles disent. Je touche mon front pour mesurer ma température. Il est frais. Je le touche encore, il est brûlant. Je suis en colère contre moi. D'un bond, je me jette brusquement sur le point de jonction. Mon effort est intense, un corps-à-corps, mais j'appuie si fort que je finis par glisser de côté et tomber par terre.

Repoussé. Ce n'est plus un enchantement, impossible de terminer l'œuvre. Je me suis même fait mal aux côtes en protégeant dans ma chute le morceau serré à deux mains. La sculpture ne veut pas de mon ajout.

L'explication est bancale comme mon état.

Repoussé. Fin du chef-d'œuvre, de mon arrogance. J'ai atterri les quatre fers en l'air et un élancement sur le côté m'empêche de me relever. Je suis dans une position ridicule, en boule par terre, avec la nature que je n'ai pas lâchée et que je serre encore. Je suis recroquevillé sur moi-même et tout endolori au pied du solennel crucifix. Il y a de quoi être fier. J'espère que le curé ne va pas entrer.

J'imagine la tête du curé entrant à l'improviste : un début de fou rire et un accès de toux arrivent en même temps. Je suis pris de légers soubresauts, puis plus forts, un rire convulsif me secoue et me lance dans les côtes. Une d'entre elles a dû s'intéresser au carrelage. Mon rire exacerbe la douleur et me fait rire encore plus. Des larmes coulent, je ne sais si c'est l'effet de la douleur ou du comique de la situation. Rire et larmes se confondent et ne cessent qu'au moment où je halète, à bout de souffle. Je me calme, épuisé, mais le rire repart convulsivement. Je ne parviens pas à l'arrêter, je crois que j'ai même mouillé mon pantalon.

La tête du curé me surprenant dans cet état continue à donner de l'énergie à mes secousses.

Il n'est pas entré, il n'est pas entré : je tente cette phrase d'exorcisme et mon rire atteint son paroxysme.

Il s'arrête par épuisement d'énergies. Je suis trempé jusqu'aux os de tous les liquides de mon corps, il ne manque que le sang. Je serre encore des deux mains la nature de marbre. Je relâche ma prise, je laisse rouler le morceau sur le sol, mes doigts restent contractés.

Même après l'avalanche, je ne m'étais jamais senti aussi épuisé. Je me relève lentement, en m'appuyant sur la base du crucifix. Impossible de me redresser plus haut que sur mes genoux. De cette pieuse position involontaire, je lève les yeux vers la statue. Je lui demande pardon. C'est la première fois que je l'observe de ce point de vue vertical. Les paupières entrouvertes, le pli des lèvres : d'ici on dirait qu'elles ébauchent un sourire. Je suis tellement meurtri que j'imagine l'avoir fait sourire.

« Tu n'as pas encore compris ? »

Ce n'est pas la statue qui parle. C'est mon frère, un enfant de six ans. C'est la première fois qu'il sort à découvert, à haute voix, hors de mon crâne. Je reste muet, sans parvenir à me mettre debout.

« Tu exécutais ce travail avec orgueil et tu as été repoussé. Tu dois l'exécuter en tremblant. »

Je ne le remercie pas. Je m'appuie au pied de la statue, je me remets debout. Je fais un geste que j'aurais dû faire en entrant ici. Je retire mes souliers. Puis j'enlève le reste de mes vêtements. J'ai des frissons. Je ramasse le morceau.

Je mets de la résine sur les deux surfaces de contact. J'approche la nature de son point de jonction. Je ne maîtrise pas le tremblement de mes mains, j'ai peur de mal l'attacher, d'être imprécis. Les deux parties s'attirent toutes seules. J'approche. J'unis. Fin.

Œuvres d'Erri De Luca (suite)

HISTOIRE D'IRÈNE

LE CAS DU HASARD (avec Paolo Sassone-Corsi). Escarmouches entre un écrivain et un biologiste

LE DERNIER VOYAGE DE SINDBAD

LE PLUS ET LE MOINS

Au Mercure de France

LES SAINTES DU SCANDALE

Aux Éditions Seghers

ŒUVRE SUR L'EAU

*Ouvrage composé
par Dominique Guillaumin, Paris.
Achevé d'imprimer
sur Roto-Page
par l'Imprimerie Floch
à Mayenne, en mai 2017.
Dépôt légal : mai 2017.
1ᵉʳ dépôt légal : février 2017.
Numéro d'imprimeur : 91092.*
ISBN 978-2-07-269791-3 / Imprimé en France.

322755